JN417976

하늘의 별을 따라고 하세요

이 도서의 국립중앙도서관 출판시도서목록(CIP)은 e-CIP 홈페이지
(http://www.nl.go.kr/ecip)에서 이용하실 수 있습니다.
(CIP 제어번호 : CIP2018000203)

하늘의 별을 따라고 하세요

2018년 1월 12일 초판 1쇄 발행

지은이 | 정안덕
펴낸이 | 孫貞順
펴낸곳 | 도서출판 모아드림
(03761)서울 서대문구 북아현로 89 버금랑빌딩 2층
전화 | 02)365-8111~2　팩스 | 02)365-8110
이메일 | morebook@morebook.co.kr
홈페이지 | www.morebook.co.kr
등록번호 | 제2-2264호(1996.10.24)

편집 | 손희 정여진 최서영
디자인 | 오경은
기획마케팅 | 박영민
관리 | 이용승

ISBN 978-89-5664-178-2 03810

* 잘못된 책은 구입하신 서점에서 바꾸어 드립니다.

* 지은이와 협의하여 인지를 붙이지 않습니다.

값 12,000원

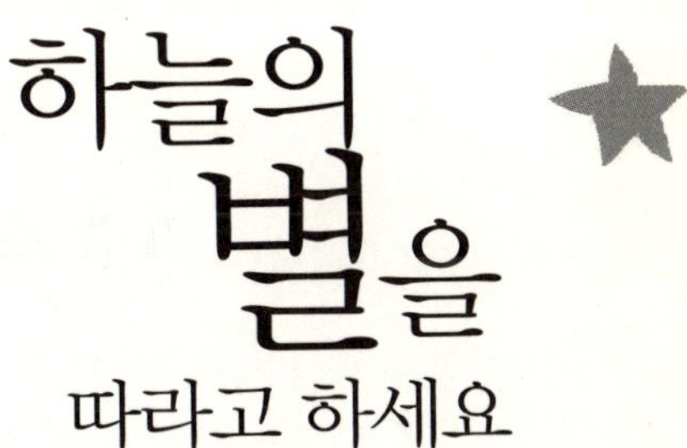

하늘의 별을 따라고 하세요

정안덕 수필집

모아드림

축사

역경 속에서 피워낸 꽃

공갑식
(문인, 현 한국문인협회 청소년문학회장)

수필은 쓰는 이나 읽는 이가 마음의 안식을 얻을 수 있다는 점에서 대단히 매력적인 글이다. 그렇지만 수필이 그리 만만히 써지는 글은 아니다. 수필은 자기 자신의 지극한 반성이고 고백이며 성찰이기 때문이다.

수필은 필자의 생각을 직접 표출하는 장르이니 만큼 글을 쓸수록 내적으로 성숙해지며 심성은 아름답게 변화되어 갈 수밖에 없다. 자신의 삶을 되짚어가며 한 편의 글을 완성했을 때 필자는 열심히 살아 온 자신의 기록물에서 반드시 위안을 받았을 것이다. 또한 고뇌하고 성찰한 만큼 삶의 깊은 의미와 가치를 깨달았을 것이다. 이토록 견고한 세상에서 자신에게 힘이 되어주는 생의 결과물이 있다는 것이 얼마나 든든한 일인가?

필자의 수필은 간결하고 부드럽다. 그래서 어렵지 아니하고 친숙하다. 다정다감한 할머니의 이야기를 듣는 것 마냥 나도 모르게 빠져들게 만든다. 그러면서도 섬세하다. 이미 잊혀졌어야 할 과거사를 섬세하게 반추해내고 회억해 놓은 점이 신기할 만큼 놀랍다. 여성의 섬세한 서정은 독자들을 글 속으로 쉽게 빠져들게 하고 이내 교감을 갖게 만든다. 그리고 필자의 세상을 바라보는 긍정적인 시각과 가족을 향한 사랑은 우리네 가족을 다시 한 번 돌아보게 한다. 필자와 같은 세대를 산 사람들이나 조금 덜 산 사람들도 이제는 잊혀진 기억들이 아스라이 되돌아오는 것을 느낄 수 있을 것이다.

까만 댕기머리, 열 여덟 살의 처녀가 상경하여 험난한 삶의 경쟁 속에서 온 힘을 다해 발버둥치며 살아왔다. 오로지 가족들과 살아남기 위한 처절함의 연속 속에서 청순했던 그녀의 모습은 사라지고 오십년이 흘렀다. 비록 소박한 꿈은 이루었지만 어느새 자신에게서 젊음이 다 떠나버린 게 야속하기만 하다. 텅 빈 가슴 속엔 찬바람만 머무는 것 같은 고적감에 공허가 물밀 듯 밀려온다. 모든 게 허무하기만 하다. 그런 그녀가 삶의 틈바구니 속에서 무엇인가 찾아냈다. 여생을 보다 값지게 사는 방법을 찾아낸 것이다.

필자가 발견한 생의 숭고한 가치는 수필이다. 그 어느 것보다도 그녀에게 위안을 줄 것이며 번민을 없애 줄 것이다. 수필은 이제 그녀에게 친구요 동반자다. 수필과 함께하는 한 그 어떤 난관도 슬기롭게 헤쳐 갈 것이며 외롭지 않을 것이다. 삶에 집착하거나 애태우지도 않을 것이다. 그녀가 긴 어둠의 터널을 웃고 울면서 걸어오는 동안 함께한 쟁반 하나가 은쟁반으로 그녀의 애장품이 되었듯, 작품 한권 한권이 후손에게 물려줄 정녕 값어치 있는 선인의 분신이 될 것을 믿어 의심치 않는다.

| 차 례 |

1부

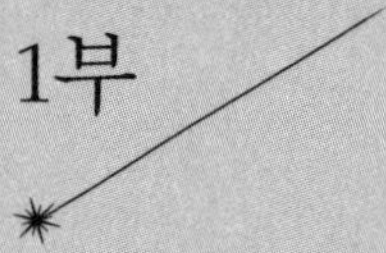

2부

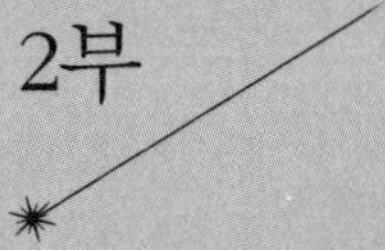

3부

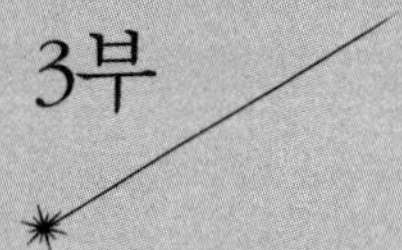

1부

찰밥

시골에서 택배로 찹쌀 두 자루가 왔다.

농사를 짓는 조카는 얼마 전 손바닥에 옹이처럼 박힌 굳은살을 제거하는 수술을 받았다. 그런데도 날씨가 추워지고 밭에 심어놓은 배추를 보니 고모가 생각났는지 아픈 손으로 배추를 소금에 절여 보내왔다. 문병도 가지 못한 미안함에 추위에 한약이라도 한 재 지어먹으라며 돈을 조금 보냈더니, 한사코 다시 되돌려 보내겠다며 통장 계좌번호를 물었다. 그래서 정 주고 싶으면 돈 말고 찹쌀이나 조금 보내 달라고 했다. 그랬더니 통도 크게 두 자루나 왔다. 어릴 적 우리 아버지가 농사를 지어 수확한 양보다 더 많다는 생각이 들었다.

한 자루는 두 며느리에게 나누어 주고 남은 한 자루는 빈 물병에 가득가득 담고도 남았다. 남은 찹쌀로 찰밥이나 하려고 깨끗이 씻어놓고 팥과 대추 밤 등을 준비했다. 준비해 놓은 곡식 위에 엄마의 그림자가 흔들리며 아른거린다.

어렸을 적 우리 집은 논이라야 다랑이 논 몇 뙈기가 전부였다. 지대가 높은 곳에 있는 다랑이 논은 말만 논이지 밭과 다름이 없었다. 우리는 가뭄이 들면 큰 저수지에서 두레박으로 물을 퍼 작은 둠벙으로 퍼 올리고 또 다시 논으로 퍼 올리는 이중 노동을 하면서 힘들게 농사를 지었다. 그것도 가뭄이 심할 때는 저수지 물도 줄어 퍼 올릴 물도 없었다. 물기 없는 논바닥은 거북이 등처럼 쩍쩍 모두 갈라졌고 아버지의 가슴도 함께 갈라지는 아픔을 겪어야 했다. 그리고 그런 뒤에는 온 가족이 보릿고개를 넘겨야 하는 아픔이 뒤따랐다.

아버지는 다랑이 논 한쪽에다 찰벼를 조금씩 심어서 약쌀로만 썼다. 특별한 약이 없던 시절이어서 우리들이 배가 아프거나 소화가 안 될 때는 그 찹쌀로 죽을 끓여 주셨다. 특히 막내딸인 내가 아프면 아빠 엄마는 더 마음 아파하셨다. 엄마는 죽을 끓여 먹여도 내가 낫지 않을 때는 '엄마 손은 약손' 이라며 까칠까칠한 손으로 배를 쓸어주셨다. 나는 엄마 손의 감촉을 느끼며 소르륵 잠이 들었고 그렇게 잠이 든 내가 깨어났을 때는 거짓말처럼 배가 나았다.

생일날에도 엄마는 찹쌀을 조금 불려서 찐 다음 절구에 찧어 통팥을 고물로 생일 떡도 했었다. 그 떡은 정말 맛있었다. 어쩌다 닭 한 마리 잡으면 찹쌀을 가득 넣어 온 식구가 포식하는 날도 있었다. 그렇게 적은 양의 찹쌀이었지만 일 년 내내 아끼며 약쌀로만 썼다.

대보름 전날에는 가마솥에 물을 데워 온 식구가 순서대로 부엌에서 목욕을 하고 보름밤을 맞이해야 했다. 보름 음식을 준비할 때 엄마는 깨끗한 한복으로 갈아입고 음식 준비를 했다. 음식이라야 텃밭에서 가꾸어 말린 나물 몇 가지와 산에서 꺾어다 말린 취나물과 고사리나물, 그리고 나박김치가 전부였다. 엄마는 미리 불려놓은 찹쌀과 팥을 모두 함께 섞었다. 그리고 큰 가마솥 위에 미리 올려놓은 시루에다 섞어 놓은 쌀을 붓고 소금을 약간 탄 물을 중간 중간에 뿌려주며 저어가며 찰밥을 쪘다.

찰밥을 찌던 날 새벽이면 우리는 그 방에서 늦잠을 잘 수가 없었다. 엄마는 잠들어 있는 우리를 어김없이 깨웠다. 나는 옷도 챙겨 입지 못 하고 비몽사몽 작은 방으로 쫓겨 가야 했다. 찰밥을 찌는 아궁이가 있는 큰방 아랫목에서 여자가 잠을 자면 부정을 타서 찰밥이 익지 않는다는 웃어른들로부터 전해져 내려온 관습 때문이었다. 그래서 보름이면 언제나 큰방은 깨끗이 청소를 했고 어른들만 계셨다. 어머니는 미리 준비한 보름나물을 함지박에 듬뿍듬뿍 담아 부엌 입구에 나란히 놓으셨다.

오빠 넷과 언니가 있는 나는 열나흘 밤은 잠을 자면 눈썹이 희어진다는 오빠 말에 졸리는 눈을 비비고 또 비비며 잠이 들지 않으려고 안간힘을 썼다. 그러나 선천적으로 잠이 많은 탓에 잠을 이기지 못하고 스르르 잠에 빠져들었다가 아침에야 깜짝 놀라 눈썹이 희어졌는지 거울 앞에서 눈썹부터 확인했던 어린 시절이었다.

정월대보름 새벽 일찍부터 엄마는 찰밥을 쪄서 방은 물론 부엌, 사랑채, 변소 귀퉁이에까지 차려놓고 맨 나중에는 찰밥을 둥글둥글 뭉쳐 김 한 장으로 꼭꼭 싸서 몇 덩어리를 나락벼늘(낟가리) 속 군데군데 쑥쑥 넣어두었다. 그것은 우리집뿐만 아니고 많은 집들이 대부분 그렇게 했다.

휘영청 밝은 달밤에 시간 가는 줄 모르고 쥐불놀이나 때기 치기, 강강술래를 하다가 새벽에 배가 고파지면 몇몇 애들이 이집 저집 나락벼늘

속에 들어있는 찰밥을 찾아 아직은 따스한 온기가 남아있던 찰밥을 언 손으로 호호 불며 나누어 먹었다. 그것은 잘 살고 못 살고를 떠나 아이들이 함께 어울려 놀 수 있도록 한 어른들의 지혜가 아니었나 생각해 본다. 아침 밥상도 어른들과는 달리 찰밥과 나박김치에다 나물 몇 가지하고 김 한 장씩 주면 그 김도 아까워서 조금씩 찢어먹으면서

"엄마, 김 쪼끔만 더 주랑께."

하던 그 시절이 찹쌀을 보니 향수처럼 피어오른다.

겨울바람이 차갑다. 나도 오늘 저녁은 제비 등처럼 기름기 자르르 흐르는 찹쌀로 밥을 지어 김을 듬뿍 담아 나누어 먹어야겠다.

금 고구마

모처럼 부엌방을 치우다보니 고구마 한 상자가 있었다. 얼마 전에 작은며느리 친정에서 보내온 것인데 잊어버리고 있었던 것이다. 고구마는 캐서 바로 쪄 먹는 것 보다 한 달쯤 놔두면 당도가 더 높아져서 맛이 좋다.

몇 년 전 남편은 안성 선산자락의 작은 황토밭에 고구마를 심겠다고 했다. 나는 거기까지 다니는 기름 값으로 사 먹자고 했지만, 못 들은 척 하더니 결국 호박고구마를 심어놓고 풀도 뽑아주고 물도 주기 위해 며칠에 한 번씩 수시로 다녔다. 때론 혼자가기가 심심하다며 일은 시키지 않을 테니 함께 가자고 조르기도 해서 마지못해 따라 나설 때도 있었다.

더운 날씨 때문에 일찍 출발하지만 고구마 밭에 도착하면 언제나 고구마 잎은 목이 말라 고개를 푹 숙인 채, 우리를 원망이라도 하듯이 지쳐

있었다. 그것을 본 남편은 말없이 도랑물을 퍼다 주고 풀도 뽑아주며 땀을 뻘뻘 흘리면서 바쁘게 움직인다. 나는 산 너머 불 보듯이 차속에서 에어컨을 틀어놓고 책만 읽는다. '얼마나 먹겠다고 이 더위에 저 고생을 할까?' 생각되었지만 정작 본인은 힘든 줄도 모르는지 연신 흘러내리는 땀을 닦아 가면서도 즐거운 표정이었다. 그렇게 몇 차례 도로에 황금 같은 기름을 뿌리며 다닌 보람으로 고구마는 잘 자랐다.

고구마는 서리가 내리기 전에 캐서 한 곳에 저장을 해야 한다. 오늘은 고구마 캐러 온 가족이 가는 날이다. 우리 가족뿐만이 아니고 큰집 가족도 함께 간다. 우리는 각자 한 두렁 씩 맡아서 캐기로 했다. 모두가 삶의 체험 현장에 온 것처럼 힘은 들지만 즐거워했다. 네 살 된 손자는 더 바쁘다. 고사리 같은 손으로 캐놓은 고구마를 나르기도 하고 고구마 넝쿨을 잡아당기다가 넘어지기도 하고, 한참을 왔다 갔다 하더니 힘이 들었는지 "할머니, 도헌이는 차에 가서 있을래요." 했다. 어린것이 힘들었나 보다.

호박고구마는 호미로 캐기가 쉽지 않았다. 뿌리는 길고 깊이 박혀있는데 고구마는 엉뚱한 곳에 자리 잡고 있는 경우가 허다했다. 나는 고구마를 캐다가 가끔씩 지렁이와 굼벵이가 나오면 깜짝깜짝 놀랐다. 시골에서 자랐지만 벌레와는 친하기가 어려웠다. 한 번은 고구마 줄기를 잡고 호미로 소복이 올라온 흙을 푹 찍었다. 그런데 고구마와 함께 실뱀처럼 큰 지렁이가 머리를 쏙 내밀고 나왔다가 저도 놀랐는지 다시 쏙 들어갔다. 그 모습에 소리를 지르며 나도 모르게 뒤로 벌렁 넘어졌다. 그 소리에 옆에 있던 작은 며느리가 덩달아 놀라 소리 지르며

"어머니가 놀라시는 소리에 제가 더 놀랐어요!"

하더니 깔깔깔 웃으며 손을 털고 일어났다.

'땅은 거짓말을 안 한다' 고 시골에서 농사를 짓고 있는 언니가 말했는데, 정말 그랬다. 남편이 땀 흘려 가꾼 보람으로 고구마 수확은 상상 외로 많았다. 집집마다 쌀포대에 고구마를 가득 담아 차에 싣고 집으로 오면서 이 고구마를 키우러 다니느라 기름 값이 많이 들어갔으니 '금고구마' 라고 이름을 붙였다. 그리고 이 고구마는 다른 고구마보다 맛도 더 좋을 거라고 말했다.

고구마를 캐느라 모두 힘들었는지 단잠에 빠져있다. 고구마를 먹고는 살았지만 실제로 자라는 모습을 처음 본 큰 며느리는 너무나 신기하다며 금고구마 먹을 생각에 힘든 줄도 모르고 일을 하더니 단잠에 취해 있다. 해는 서산에 저물어 가고 가로등 불빛은 밤바람에 흔들리는데 차는 어둠을 헤치며 달린다. 그런데 나는 잠도 오지 않고 문득 고향집 마루 밑 땅굴이 생각났다.

1962년 여름 셋째 오빠는 고구마를 한 포기 한 포기 정성들여 밭에 심어놓더니, 아빠 몰래 긴 여름 땀 흘려가며 마루 밑에 땅굴을 파기 시작했다. 땅굴이 거의 마무리 될 무렵 천둥번개를 동반한 소나기가 밤새워 내렸다.

아버지는 아침 일찍 밀짚모자를 쓰고 우장을 하고 삽을 어깨에 메고 나가셨다. 혹시 논두렁이라도 무너지지 않았을까, 걱정되어 논을 둘러보러 가신 것이다. 한참 후, 집으로 들어오시던 아버지는 어젯밤 폭우로 인해 마루 밑에서 개천이 되어 흘러내리는 거센 물살을 보셨다. 집안이 발칵 뒤집혔다. 하늘에서 내리는 천둥소리보다 더 무서운 아버지의 호통 소리에 벼락이라도 맞은 듯이 오빠는 물론 온 식구가 숨죽여 떨고 있었다. 오빠가 굴을 너무 깊이 파서 물줄기가 굴을 덮쳐 개천이 되었던 것이다. 배고픈 서러움에 고구마라도 오래 저장해서 끼니를 때우려던 오빠 생각과는 달리 오빠는 아버지한테 많은 꾸중을 들었다. 하지만 결국 아빠도 땅굴을 파는데 승낙을 하셨다. 오빠의 노력으로 쌀이 부족하던 시절에 우리 식구는 점심을 고구마로 때울 수 있었다. 가마솥에 고구마를 쪄서 바구니에 담아 무김치(동치미) 한 양푼을 둥그런 상위에 놓고 온 식구가 둘러앉아 먹었다. 무김치도 길게 썰어서 고구마와 함께 먹으면 더욱더 맛있었다.

어느 날 밤, 언니 친구들은 우리 집에는 고구마가 많이 있다는 것을 알고 언니와 짜고서 긴 작대기 끝에 큰 못을 꼭꼭 묶어 깊은 굴속에 든 고구마를 찍어 내어 밤참으로 쪄 먹었다고 한참 후에 이야기 했다. 그때는 무나 감, 배, 고구마 등을 서리해다 먹어도 애교로 봐주던 시대였다. 심지어 어떤 총각들은 남의 닭도 잡아다가 닭죽을 끓여 먹기도 했었다. 요즘은 남의 농작물에 조금만 손을 대도 몇 배로 보상을 해줘야 한다. 어찌 보면 물질이 넘쳐나는 시대인 지금보다 따뜻하고 끈끈한 정은 그때가 더 많았던 것 같다.

나는 어릴 때 고구마를 너무 많이 먹고 자란 탓인지, 지금은 고구마를 좋아하지 않는 편이다. 그래도 오늘은 그때를 생각하며 이 '금 고구마'를 쪄 물김치와 함께 먹어야겠다.

넝쿨 강낭콩

천혜향을 좋아하는 나는 친구 고모님이 직접 농사지은 무공해 천혜향을 해마다 주문해 아들딸과 나누어 먹는다. 때론 친구들한테도 무공해로 키워 맛도 좋지만 건강에도 좋을 거라며 소개해서 팔아주기도 했다.

삼년 전 그날도 택배 한 상자가 왔다. 천혜향을 많이 팔아줘서 고맙다며 친구 고모님이 한 상자를 보내온 것이다. 그리고 밥에 넣으면 밥맛이 구수해서 한결 좋다며 상자 속 귀퉁이 빈 공간에 강낭콩 몇 줌을 검은 비닐봉지에 싸고 또 싸고 몇 번을 싸서 넣어 보내왔다. '얼마나 맛있는 콩이길래 그럴까?' 생각하면서 봉지를 풀어보니 마치 제비 등처럼 윤기가 반들반들하고 만져지는 감촉도 비단결처럼 매끄럽고 좋은 까만 콩이었다.

나는 콩밥을 별로 좋아하지 않았지만 저녁밥을 할 때 콩을 한 줌 넣어

보았다. 고모 말대로 입속에서 콩이 씹히는 식감이 참 좋았다. 포근포근하면서도 약간 달콤한 맛이 반찬 없이도 밥맛을 당기게 했다. 저녁밥을 맛있게 먹고 나서 생각하니 강낭콩을 다 해먹지 말고 남겨뒀다가 시골에서 농사짓는 언니에게 종자로 쓰라고 보내면 좋겠다는 생각이 들어 한 줌을 잘 간수했다.

마침 고향에 갈 일이 있어 나는 아껴놓은 강낭콩을 가지고 가서 언니에게 종자하라고 내주었다. 언니는 콩을 보더니 단번에,

"이 콩 참 맛있는 넝쿨 강낭콩이야. 옛날에는 많이 심어서 밥에도 넣어먹고 껍질을 벗겨 삶아서 떡고물도 했었는데 어느 때부터인지 종자가 없어져 요즘은 못 심었는데 잘됐다. 고마워!"

라며 좋아했다.

이후 봄이 되자 나도 우리 집 감나무 밑에 콩 몇 알을 손자와 함께 속는 셈치고 심었더니 싹이 세 포기가 났다. 그것도 농사라고 들며나며 신경이 쓰여 눈길을 거두지 못했는데 강낭콩은 그늘 밑이라 그런지 꽃을 피울 기미는 보이지 않고 오히려 비실비실 죽을 것만 같았다. 무슨 식물이건 심어서 싹을 틔우기가 어렵지 싹을 틔우고 나면 관심과 사랑을 먹고 무럭무럭 자라는 게 이치인데 이 강낭콩은 하루에도 몇 번씩, 또 주말이면 손자들도 어김없이 고사리 같은 손으로 물을 주고 온 가족이 애정을 보였지만 여름이 다 가도록 강낭콩은 언제 꽃을 피워 열매를 맺을지 기색이 보이지 않았다.

'저러다 이내 죽고 말겠구나!

그러나 끈질긴 게 생명이라 했던가! 콩 줄기는 죽지 않고 안간힘을 다해서 감나무 가지를 붙잡고 하루하루를 버티고 있었다. 그 모습을 보니 내 젊은 시절이 되살아났다.

1973년 남편은 어린 아들과 세상 물정 모르는 나를 셋방에 남겨둔 채 나라의 부름을 받고 뒤늦게 군대에 입대했다. 육남매의 막내딸로 티 없이 살아온 내가 남편 없이 혼자서 어린 아들을 키우며 살기란 사막에 뿌리를 내리려는 여린 나무와 같은 몸부림이었다. 그 힘든 생활 속에서도 건강하게 자라는 아들이 나에게는 큰 힘이 되었지만 그래도 견딜 수 없이 힘이 들 때는 아들을 품에 끌어안고 하염없이 울었다. 내 몸의 모든 물기가 다 빠져나갈 때까지 울다가도 '아가야, 엄마는 꼭 이겨 낼 거야!' 라고 다짐했던 그날들이 아련히 스쳐가면서 아무리 말 못하는 식물이지만 얼마나 힘이 들까 싶어 안타까운 마음에 차라리 뽑아 버릴까 생각하다 언니한테 전화를 했다.

"언니, 아무래도 강낭콩을 뽑아 버려야 할 것 같아, 가녀린 줄기가 너무 힘들어 보여."

"아니야, 그 콩은 찬바람이 불어야 꽃을 피우고 늦가을에 열매가 달려 초겨울에 수확하는 거야!"

하며 뽑지 말고 잘 키우라고 했다. 언니도 과수원 한 켠 죽은 나무 밑에 몇 알 심었는데 잘 자란다는 말도 했다.

언니 말대로 뜨거운 여름이 지나고 아침저녁으로 시원한 바람이 불자 강낭콩은 생기가 돌더니 튼튼하게 자라 꽃을 피우기 시작했다. 찬바람이 조금씩 불어오자 어느 사이에 감잎은 떨어지고 감나무는 앙상해졌지만 그 가지를 붙들고 자라던 콩 줄기에는 강낭콩이 주렁주렁 매달려 빨강 감과 함께 어울려 한 폭의 그림이 되었다.

계절은 바뀌어 초겨울, 남편은 장대로 두들겨 콩을 따고 그 밑에서 손자들은 떨어진 콩을 주워 바구니에 담느라 깔깔깔 웃음소리가 담장을 넘었다. 아이들은 이리 뛰고 저리 뛰며 몇 알 안 되는 강낭콩을 줍느라 야단법석을 피웠다. 우리는 그렇게 강낭콩 몇 줌을 수확했다. 언니는 강낭콩이 너무 많이 열려 콩나무가 되었다고 자랑하더니 우리가 수확한 것보다 몇 배나 많은 양의 콩을 보내왔다.

반들반들 윤기가 자르르 흐르는 강낭콩을 바라보니 내가 힘들 때 감나무와 같은 든든한 아들이 있었기에 붙잡고 일어서서 오늘의 행복을 찾았고 넝쿨 강낭콩도 감나무 가지를 끝까지 포기하지 않고 붙잡고 올라가서 많은 열매를 맺었다.

강낭콩을 보며 새삼 식물이나 인간이나 살아가는 것이 다를 것이 없겠다는 생각을 해 본다. 반들반들하고 예쁜 강낭콩을 만지는 느낌이 마치 얼굴도 모르는 친구 고모의 포근하고 따뜻한 마음 같아서 올 겨울도 행복할 것 같다.

순천만 갈대

남편과 함께 오창을 향해 달리고 있다. 얼마 전 둘째 아들은 잘 나가던 직장도 그만두고 복잡한 서울이 싫다며 아파트를 정리해 지방에다 작은 건물을 사서 이사를 했다. 직장 구하기가 하늘에 별 따기처럼 어렵다고 몇 번을 말렸지만, 저 나름대로 확고한 계획을 세워 떠나는 아들을 나는 더 이상 말리지 못했다. 어려서부터 모든 일을 말없이 혼자서도 잘하는 편이어서 걱정은 되었지만 지켜보기로 했다.

며칠 전 작은며느리한테서 전화가 왔다. 이 기회에 바람도 쏘일 겸 아버님 어머님과 함께 여행을 가고 싶다는 이야기였다. 시부모와 함께하는 여행은 너희들에게 불편할 뿐 뭐가 좋겠느냐며 거절했다. 그러나 불편하게 생각했다면 연락하지 않았다면서 꼭 같이 떠나자고 며느리는 한

사코 부탁했다. 고운 마음을 거절하지 못하고 우리 부부는 결국 아들 며느리 손녀와 함께 여행을 떠나기로 결정했다.

순천만 갈대 구경을 시켜준다며 아들은 새벽 일찍 일어나 어둠을 가르며 빠르지도 느리지도 않은 차분한 속도로 고속도로를 달렸다. 창밖으로 스쳐가는 가로수 나무에도 울긋불긋 가을이 매달려 있고, 넓은 들녘에도 농부들의 땀방울과 함께 어우러진 황금물결이 갈바람에 넘실넘실 춤을 춘다. 몇 시간을 그렇게 달리니 순천만이다.

하얗게 피어버린 갈대가 가장 먼저 멀리서 손을 흔들며 우리 일행을 반겼다. 입구는 이미 많은 인파로 술렁거렸고 아들며느리도 입장권를 구입하기 위해 줄을 섰다. 우리 부부는 경로 우대라며 직원이

"저쪽으로 들어 가셔요."

한 마디 하고는, 마치 쓸모없는 짐짝이라도 치워버린 듯 무관심 했다. 바빠서 그렇겠지만 기분이 야릇했다. '공짜라면 양잿물도 먹는다.' 는 속담도 있는데, 돈을 받지 않으면 당연히 좋아해야 할 터인데도 순간 텅 비어버린 가슴 속으로 사각거리는 바람소리가 들어왔다.

순천만, 그 넓은 대지에 장맛비에 실개천이 넘실거리며 흐르듯 많은 사람들이 바람결에 흔들리는 갈대처럼 걷고 있다. 아름다운 풍경을 사진에 담아 갈 수 있도록 곳곳에 쉼터가 있었고 의자도 마련되어 있다. 기왕 공짜로 들어왔으니 좋은 추억이라도 많이 담아 책갈피에 꽂으려고 나는 가족과 함께 사진도 찍으며 천천히 걸었다. 한참을 걷다보니 티 없이 맑은 아이들의 웃음소리가 들린다. 그쪽으로 발길을 옮겼다.

갈대 숲 진흙탕에 재빠르게 기어다니는 게를 내려다볼 수 있도록 넓은 공간 가운데를 뚫어 놓은 곳이 있었다. 진흙 속에는 게와 망둥이를 비

롯해 개구리까지 뛰어놀았다. 출렁거리는 바람소리에, 숨어있던 메뚜기도 줄행랑을 치느라 여기저기서 후드득후드득 야단이다. 그 모습에 아이들은 물론 어른들도 동심에 취해 갈 길을 잊었는지 지체는 더욱더 심했다. 우리 일행도 밀려드는 인파 속에 끼어 잠시 구경을 했다. 아빠들은 아이들에게 보여주기 위해 갈대 잎을 꺾어 그 잎으로 게를 살짝 건드리면, 화가 난 게는 집게발로 갈대 잎을 꽉 물고 끝까지 따라 올라왔다. 그렇게 잡아 올린 게를 아이들은 손으로 잡아 보려고 이리저리 뛰어다니며 까르르거렸다. 웃음소리가 갈대 사이로 널리널리 퍼져갔다. 물고 있는 갈대 잎만 놔 버리면 살 수 있으련만, 무슨 집착이 그리 많아 끝까지 물고 올라와서, 그때서야 잡히지 않으려고 바쁘게 기어 다니는지. 나도 혹여 저 게처럼 부질없는 욕심에 한평생을 허덕이며 살아오지나 않았나 생각하며 아련한 유년의 고향집에 선다.

봄이 되면 아버지는 5일장에 다니는 것을 취미로 알았다. 서산에 해가 걸릴 때면 얼큰하게 취한 아버지의 발걸음은 언제나 갈대처럼 흔들거렸다. 그래도 자식들 생각에 한 손에는 언제나 생선 몇 마리도 새끼줄에 대롱대롱 묶인 채 함께 집으로 들어왔다. 엄마는 생선보다 더 많은 무를 썰어 무쇠 솥 밑바닥에 깔고 그 위에 생선을 나란히 올리고는 대충 양념해서 보글보글 끓였다. 얼마나 맛있는지는 말로 표현할 수가 없다.

사월이면 아버지는 잘잘한 게 한 자루를 사서 무거운 줄 모르고 등에 짊어지고 오셨다. 그리고는 게를 씻어 게의 분량만큼 소금을 붓고 항아리에 담아 밀봉해 두셨다. 그러다가 오월이 되면 곰삭은 게를 조금씩 꺼내어 확독에 붓고 마늘, 고추, 생강 등을 넣어 득득 갈아서 옹기에 담아 두고 밑반찬으로 썼다. 빈곤했던 보릿고개에 게장 한 가지만 있어도 보리밥 한 사발을 쓱쓱 비벼 먹고 살았던 그 시절 유일한 반찬이 게장이었다. 지금도 보릿고개와 부모님을 생각하면 아릿한 추억에 앞이 흐려진다.

가을바람에 사각거리는 갈대가 한평생 자식위해 아낌없이 자신을 내어준 부모님의 영혼처럼 느껴졌다. 산등에 걸려있던 먹구름이 소나기로 변해 상념에 빠져있는 나의 머리 위에 후드득 떨어졌다. 예상치 못한 소나기에 모두가 놀라서 게처럼 달린다. 우리도 갈대밭을 뒤로한 채 다음 여행지를 향해 발길을 옮겼다.

감 따간 아저씨, 시계 찾아 가세요

앞집 감나무에 종이 한 장이 매달려 바람에 흔들리고 있다. 가까이 가서 보니

'감, 그만 따 가세요. 차 블랙박스에 찍혀서 누구인지 다 알아요.'

라고 적혀 있었다. 주인은 감을 따간 사람을 알면서도 편지만 써 붙인 것 같다.

대봉 감나무는 따뜻한 남쪽 지방에서 잘 자란다. 다른 나무에 비해 감나무는 추위에 약해서 서울에서는 키울 생각도 못 했는데 요즘은 기후가 따뜻해지면서 서울에서도 대봉 감나무를 쉽게 볼 수 있다.

2004년 가을, 과수원 하는 언니 집에 놀러갔었다. 형부는 오래되어 죽은 감나무를 대신해 심으려고 묘목을 준비했다며 두 그루를 우리 마당에 심으라고 싸 주었다. 그리고 심는 방법까지 자상하게 가르쳐 주면서

농담인지 진담인지 마지막에 막걸리 한 병도 나무 옆에 꼭 부어주라고 당부했다. 남편은 형부가 가르쳐 준대로 정성껏 감나무 묘목을 심고 추운 겨울을 이겨내라며 비닐을 둘둘 감아 옷도 입혀 주었다. 그리고 막걸리는 왜 부어주어야 하는지 이유도 모른 채 한 병을 부었다.

"나무도 술을 먹으면 힘이 솟나?"

하고 나는 웃었다. 그러나 여린 나무는 남편의 정성도 모른 채 혹한 추위를 이기지 못하고 한 그루는 얼어 죽고 한 그루만 살았다.

과실나무는 삼 년이 되면 열린다더니 감나무도 삼 년이 되면서부터 열매를 맺기 시작하더니 해마다 점점 많이 열렸다. 우리는 설레면서 계절이 바뀌길 기다렸다. 기다림이란 언제나 행복하다. 추운 겨울은, 잠자던 나무에서 파릇파릇 새싹이 돋아나는 신비로움에 따뜻한 봄을 기다리며 행복했고, 불볕더위에도 꿋꿋하게 견디어 가을의 풍요로움을 안겨준 감나무가 있어 우리 식구들은 늘 행복했다. 혹독한 추위와 불볕더위도 묵묵히 참으며 인내로 결실을 보여주고 다시 겨울잠에 들어갈 준비를 하느라 하나둘 옷을 벗는 감나무. 그는 그렇게 우리에게 내려놓는 법도 가르쳐 주었다.

삼 년 뒤 나는 이미 죽은 감나무 한 그루를 뽑아내고 다른 감나무 한 그루를 더 심었다. 심을 때 나무 밑을 파고 한약 찌꺼기를 묻어주고 병충해를 막기 위해 감꽃이 지고난 뒤 소독도 해주었다. 그래서인지 지금은 두 나무가 자라서 마당을 덮고도 모자라 이층 높이까지 짙은 녹음을 이루고 있다. 땅은 거짓말을 않는다고 정성들여 키운 보람으로 가을이면 빨간 감이 주렁주렁 매달려 있다. 그러다 찬바람에 하나, 둘 연시가 되면 눈 밝은 까치가 주인보다 먼저 찾아와서 시식을 하느라 바쁘게 움직인다. 꼭 찍어 오물오물, 하늘도 보고 꼭 찍어 오물오물, 혼자 먹기 아까운

지 까악까악 친구도 불러 모은다. 그래도 가지에 매달린 홍시는 추위도 잊은 채 세찬 바람에도 여유롭게 그네를 타고 있다. 그림 같은 모습을 창문 사이로 훔쳐보는 즐거움은 먹는 즐거움보다 더 흐뭇하고 행복했다.

그러나 감나무가 나에게 즐거움만 주는 것은 아니었다. 어느 해, 감이 너무나 많이 열린 탓인지 나무는 그 무게를 이기지 못해 가지가 축 처졌다. 그런데 어느 날부터 감이 하나둘 줄어들기 시작했다. 감이 없어질 때마다 나는 마치 내 살점이 찢어지는 것처럼 아팠고 몰래 감을 따간 사람이 미웠다. 그러나 남편은,

"우리는 계절마다 변화하는 감나무를 보면서 행복해 했으니, 가을의 행복을 나누는 게 좋지 않겠어?"

라고 말했다. 그러면서도 뒷날 남편은 감나무에 편지를 써 붙였다.

'이 감나무는 관상용이니 주소를 남겨두시면 감을 보내드리겠습니다.'

그러나 그는 편지를 보았는지 못 보았는지, 답은 없고 감만 점점 줄어갔다. 그러던 어느 날 그는 어떻게 담을 넘어왔는지, 아예 배낭을 메고 들어와 태연하게 감을 따다가 옆집 할머니와 마주쳤다고 했다. 할머니는,

"왜 남의 집 감을 따 가는 거요?"

"할머니는 주인도 아니면서 웬 참견이요. 남이야 감을 따든 말든!"

낯을 들고 오히려 큰소리를 쳐서 두 말도 못 했다고 하니 이는 적반하장도 도를 넘는 파렴치가 아니고 무엇이겠는가. 그는 그렇게 몇 해를 걸쳐 감을 따 가더니, 요즘은 보이지 않아 궁금하기까지 했다.

그런데, 오늘 아침 앞 집 감나무에 수취인 없는 편지가 또 매달려 있는 것을 보고 나도 모르게 픽 하고 웃었다. 또 다른 그가 나타났는지, 아니

면 그가 다시 찾아왔는지 알 수는 없지만 만약 그가 다시 찾아왔다면 우리 감도 무사하지는 못할 것이다. 그럼 나도 이렇게 편지를 써 붙일까?

'도선생님 감나무 한 그루 심어 드릴까요?'

그런데 앞집 감나무에 또 다른 편지가 걸려있다.

'감 따간 아저씨, 시계 찾아 가세요!'

이건 또 뭐람?

사연인즉, 새벽 4시 쯤, 감나무가 후들거리는 소리에 밥하던 아줌마가 나와서 소리를 질렀단다. 그랬더니 담장 위에서 감나무 가지를 낫으로 잡아당겨 감을 따던 아저씨가 깜짝 놀라 담장 뒤로 쿵 떨어지더니 벌떡 일어나 도망을 갔단다. 아줌마는 용감하게 뒤를 쫓았으나 그가 낫을 들고 왔다는 것이 생각나서 무서운 마음에 그냥 집으로 들어오는데 물체 하나가 반짝거렸다. 시계였더란다. 아마도 그가 담장에서 떨어질 때 시계도 떨어졌는데 그걸 모른 채 도망을 친 모양이다. 감 몇 개 따려다가 배보다 배꼽이 더 커진 꼴이 된 것이다.

"도선생님! 이젠 정신 좀 차리고 사세요."

겨울 나비

한 친구의 주선으로 10년 전부터 고향 친구들 20~30명 정도가 2개월에 한 번씩 만난다. 오늘이 바로 그날이다. 그런데 날씨가 마치 저녁 굶은 시어머니처럼 잔뜩 찌푸리고 있는 것이 금방이라도 눈이 내릴 것 같다. 그래도 친구들 만날 생각에 마음은 벌써 고향에 가있는 기분이다.

우리는 종로 한 음식점에서 만났다. 오늘도 화제 거리는 별다른 것이 없다. 학교도 변변치 못해서 처음에는 가마니를 깔고 앉아 공부했던 이야기로 시작했다. 겨울에는 무쇠난로에 불을 피울 땔감이 없어서 우리들의 고사리 같은 작은 손으로 주워온 솔방울이 유일한 연료가 되었고, 그것도 처음엔 불이 붙지 않아 교실 안이 곰이라도 잡을 듯이 연기로 가득 차, 여기저기서 콜록거리다가도 얼마간 창문을 열고 환기를 시키고 나면 난롯불은 활활 타던 이야기였다.

그렇게 피운 난롯가에 둥글게 모여서서 얼었던 손과 몸을 녹이고 공부하다, 점심시간이면 양은 도시락을 서로 먼저 올려놓으려고 후닥닥 밀치고 밀리던 순간들. 5월이면 누렇게 익은 남의 보리와 밀을 꺾어서 양지바른 산모퉁이에 쭈그리고 앉아 모닥불을 피워 손과 입이 새까만 줄도 모르고 손으로 비벼 훌훌 불어 먹던 그 날들을 회상한다. 생키(소나무의 상순)를 꺾어 솔잎을 뜯어내고 깎은 후 양손으로 붙잡고 입에 대고 좌우로 움직여 주면 약간의 쓴맛과 달콤한 맛이 참 좋았던 1958년, 그것은 우리에게 유일한 간식이었다며 어려운 그 시절 향수에 젖어본다.

모두가 고향에서 살았던 세월보다 더 많은 세월을 서울에서 살아 왔는데도 하나같이 어린 시절 이야기로 폭소를 날린다. 그렇게 몇 시간을 보내고 집으로 오는 길. 지하철에서 막 나오는데 아침부터 흐리던 하늘이 결국 눈을 뿌려 온 세상이 하얀 나비의 천국이 되어 버렸다.

하늘을 쳐다본다. 너무 아름다워 집으로 그냥 돌아가기에는 아쉬움이 남아 주위를 두리번거리며 살펴보니 길 건너 포장마차가 왁자지껄 요란하다. 연기와 김이 함께 어우러져 모락모락 올라간다. 아마도 한쪽에서는 홍합을 끓이고 또 한쪽에서는 참새구이를 구울 것이다. 내가 어릴 때 오빠들은 여자가 참새구이를 먹으면 그릇 깬다고 못 먹게 하고 자기들만 먹었다.

그래, 술은 못해도 남편과 함께라면 용기를 내어 갈 수 있을 것 같았다. 남편은 소주 한 잔, 나는 홍합 한 공기 후후 불며 마셔보고 싶은 충동에 전화기를 꺼내어 꾹꾹 찍어본다.

"경완 아빠, 눈이 너무 예쁘게 내리는데 우리 포장마차에 가서 자기는 술 한 잔, 나는 홍합 한 공기 먹으면 어때?"

"나 술 안 먹어, 추운데 그냥 빨리 집으로 와!"

"알았어."

아쉬웠지만 그래도 나는 몇 발자국을 행여 눈이 다칠세라 살금살금 걷는다. 눈송이는 점점 커지며 마치 나비가 나풀나풀 춤을 추며 이리저리 날아다니는 것처럼 보인다. 그 아름다운 광경에 나는 미련을 버리지 못하고 다시 전화를 걸었다.

"자기가 좋아하는 아들한테 우산 보낼게."

말도 꺼내기도 전에 전화를 뚝 끊어 버린다. 내가 언제 우산이 필요하다고 했나. '그래, 내가 뭘 바래, 멋하고는 담을 쌓고 사는 사람인지를 이제 알았나?' 혼자 투덜투덜 대며 고개를 숙인 채 뽀드득 뽀드득 눈을 밟으며 걸어가는데,

"엄마 우산 가져왔어요."

쳐다보니 작은 아들이다. 철없는 나는 또 다시

"아들 밥 먹었니?"

"아니요."

"그럼 눈이 정말 멋있게 내리는데, 엄마가 맛있는 저녁 사줄게 함께 먹자."

"집 다 왔는데요."

"그래 잘났다. 어쩜 그 아빠에 그 아들이니?"

하고 쏘아 붙이고 나니 내 구두소리가 좀 전과 달리 요란하다. 좀 전의 낭만은 간곳이 없다.

남편과 작은 아들은 워낙 내성적이어서 말도 꼭 할 말 외에는 농담도 할 줄 모른다. 그래서 나는 평소에도 가끔씩 이 집안은 말하다가 죽은 귀신이 있나보다고 농담을 할 때도 있었다. 하지만 큰아들은 다르다. 성격은 급하지만 농담도 잘하면서 상대방 기분도 잘 헤아릴 줄 안다. 그래서

나는 대화를 큰아들과 많이 하는 편인데 그날은 큰아들이 집에 없었다.

겨울 낭만을 누리지 못한 마음에 골이 나서 나비처럼 예쁘게 내리는 눈을 사정없이 밟으며 집에 도착해보니 춤을 추던 나비는 모두 내 머리 위에 수북이 쌓여 검은 머리는 백발이 되어 있었다. 집에 도착하자마자 나는 문을 열고 가방을 마루에 쾅 던졌다. 어쩌면 당신이나 아들이나 낭만이라고는 병아리 눈물만큼도 없는 사람이라고 투정을 하면서….

남편은 아무런 일도 없다는 듯이 무심히 한마디 던진다.

"그 눈이나 털고 들어와."

아닌 밤중에 홍두깨

딸은 서울 변두리 대학에 합격했다. 그런데 제가 공부 안한 생각은 못하고 학교가 마음에 들지 않는다고 울며불며 야단이다. 저보다 수능시험 점수가 훨씬 낮은 친구가 다른 대학 좋은 학과에 합격했다면서 등록도 하지 않고 재수하겠다고 불평을 한다. 나는 한마디로 딱 거절했다. 우리 집 사전에 재수란 단어 없으니 억울하면, 등록해서 한 학기를 공부하고 휴학계를 내고 다시 수능시험 공부를 해서 네가 마음에 드는 대학을 가라고 했다. 그때는 엄마도 협조하겠다고 약속을 했다.

원서를 낮추어 낸 이유는 고3 선생님의 영향이 크게 작용을 했다. 내가 담임선생님 면담을 갔을 때 담임선생님은 딸의 수능 점수로는 지방 대학밖에는 원서를 써줄 수 없다고 했다. 나는 딸을 지방 대학을 보내게 되면 우리 집은 두 집 살림을 해야 하므로 절대로 지방 대학은 보낼 수 없다고 했다.

"그럼 어머니는 딸을 어떻게 하실 거예요?"

"제가 알아서 하게 그냥 두세요."

하지만 집으로 돌아오는 발걸음은 천근을 짊어진 사람처럼 무거웠다.

그 뒤 딸은 자존심이 상했는지 누구와 한 마디 의논도 없이 혼자서 원서를 낮추고 낮추어 서울에 있는 대학 다섯 군데에다 원서를 넣었다. 모두 합격을 했다. 우리는 가족회의를 했다. 그중 S대학을 선택했다. 큰아들 말이 그 대학이 앞으로 뜨는 대학이라고 했고, 나도 일단 등록해서 한 학기를 공부하고도 정 억울하면 휴학계를 내고 다시 수능시험 공부해서 가고 싶은 대학을 가라고 했다.

그랬는데, 입학하고 나서는 선배들과 어울려 여행도 다니면서 생활하다보니 작심삼일이 되어버렸는지, 아무런 생각도 없는 아이처럼 학교생활을 즐기고 있었다. 그러면서 때론 귀가 시간이 늦은 날도 잦아졌다. 그러던 어느 날 열시가 넘어가는데도 딸이 들어오지 않아 걱정 되어 전화를 했는데 받지도 않았다.

나는 조바심이 났다. 다행히 남편은 초저녁잠이 많아 일찍 잠이 들었다. 알면 큰일이다. 죄 없는 큰아들만 다그쳤다.

"큰 놈이 시간관념이 없이 다니니까, 동생도 오빠한테 배운 것이 그 뿐이지, 전화를 못할 상황이면 오는 전화라도 받든가."

그때 따르릉 전화가 울렸다.

" 엄마, 지금 지하철 내려서 가는 중이야."

순간 큰아들이 전화소리를 듣더니 화들짝 문을 열고 뛰어 나가면서,

"이년, 오늘밤에 잡아 죽여 버린다."

하면서 비호처럼 대문을 열고 사라졌다. 딸과 부딪치면 큰일이었다. 불꽃같은 아들 성격에 마주치면 불을 보듯 훤하다. 급한 마음에 나는 작은아들 등을 떠밀었다.

"경일아, 빨리 뛰어가서 형 붙들어. 네 동생 형한테 붙잡히면 형한테 맞아 죽는다, 빨리빨리 뛰어."

소리를 지르며 나도 그 뒤를 따라 뛰었다. 큰아들은 어느새 사라지고 보이지 않았다. 갈림길에서 두리번두리번 찾아보는데 마침 시장 길에서 딸이 어느 남학생과 이야기하며 아무것도 모른 채 천천히 걸어오고 있었다. 나는 다짜고짜 딸의 손목을 잡아채며.

"빨리 뛰어. 오빠에게 붙잡히면 너는 오늘 죽는 날이야, 어서 뛰어!"

뒤도 돌아보지 않고 딸의 손을 잡고 뛰는데

"너는 어떤 놈이야?"

큰아들 목소리와 함께 철~썩 소리가 났다. 우리는 겁이 나서 소리를 지르며 죽을 힘을 다해서 뛰었다. 하지만 아들이 한 번 뛰면 우리는 몇 번 뛰어야 하니 순식간에 뒤를 따라오고 있었다. 급한 마음에 밤이 깊은 줄도 모르고 나는 또 소리쳤다.

"경일아 빨리 형 붙들어, 꼭 붙들어야 해. 형 놓치면 동생 맞아 죽어."

저편 골목에서 내려오던 작은 아들은 얼결에 형을 꼭 껴안고 몸싸움을 했고 그동안 나는 딸과 계속 뛰었다. 등 뒤에서는 큰아들이 분을 참지 못하고 동생에게 야단치는 소리가 들린다.

"너도 죽을래? 빨리 비켜!"

두 아들은 서로를 붙잡고 실랑이를 벌이고 있었다. 나는 마음이 급해 딸의 손을 잡고 뛰지만 딸은 술을 한 잔 해서인지 도무지 상황 판단을 못하고 '세월아 가거라~' 하며 걷는다. 오빠가 얼마나 화가 난 줄도 몰랐다. 다행히 작은아들이 형을 꼭 붙들고 시간을 끄는 사이 딸을 끌다시피 해서 집으로 들어와 대문을 잠가버렸다. 시간을 끌어야 했기에, 그리고 딸을 제 방에 밀어 넣고 문을 잠그라고 소리 질렀다.

태풍은 지나갔다. 시간이 약이라고 했던가. 무슨 일이든 시간처럼 좋은 약은 없는 것 같았다. 불같은 큰아들 성질도 점점 누그러졌는지, 아니면 작은아들과 힘겨루기를 하는지 한참이 지났는데도 소식이 없다. 시계는 똑딱똑딱 자정을 넘어가고 있었다.

한숨을 돌리고 들어보니 아닌 밤중에 홍두깨를 피하지도 못하고 영문도 모른 채 매를 맞은 남학생은 대학 선배였단다. 동아리 모임에서 딸이 못하는 술을 조금 마시고 괴로워하니 불안한 마음에 선배로서 집에까지 안전하게 데려다 준다는 것이 그만 홍두깨 세례만 받고 간 것이다. 그 학생도 남의 집 천금 같은 아들이었을 텐데! 지금 생각하니 너무너무 미안하다.

꿩 대신 닭이라고

등산을 다녀온 남편이 가방 속에서 물건을 주섬주섬 꺼내더니 검은 봉지 하나를 주면서 내가 좋아하는 취나물이란다. 치악산은 국립공원이라 나물 채취가 금지되어 있어 나물이 지천으로 많았는데, 만일 나물을 뜯다가 걸리면 벌금을 내야 한다고 해서 몰래 조금만 뜯어왔다고 했다.

사람의 심리는 이상하다. 하지 말라하면 더 하고 싶고 보지 말라하면 더욱 더 궁금한 마음이 생기는지, 독하지도 못한 사람이 굳이 법을 어겨가며 몰래 뜯어온 것을 자랑인양 어린 아이처럼 즐겁게 환한 표정을 지으며 꺼내 놓았다. 나는 나물 값이 몇 푼이나 한다고 평소 당신답지 않게 뜯지 말라는 나물을 뜯어왔냐고 한 마디 했다.

비록 내가 나물을 좋아하기는 해도 오랜만에 딸아이네 집에 다녀왔더니 힘이 들어 남편의 정성도 뒤로 하고 한 잠을 자고 일어났다. 잠깐이지만 단잠이었는지 머리가 맑아졌다. 그래서 남편이 뜯어왔다는 취나물을 싱싱할 때 데쳐 놓으려고 찾아보니 벌써 남편이 깨끗이 다듬어 데쳐 놓았다. 젊어서는 생각도 못할 일들을 나이가 들면서 남편은 점점 달라지더니 지금은 살림꾼이 다 되어간다.

시골에서 자라났지만 나는 나물의 종류들을 별로 모른다. 아는 나물이라고는 겨우 쑥과 취나물, 고사리, 자운영 등 몇 가지뿐이다. 그 중에서 특히 자운영 나물을 좋아했는데, 자운영은 꽃이 필 때는 마치 논에다 핑크빛 융단을 깔아놓은 듯 꽃이 아름다웠다. 해질 무렵 가끔 나는 노을과 어우러진 꽃이 너무 좋아서 조심스레 살짝 밟아 보기도 했었다. 자운영은 대체로 부잣집에서 퇴비를 만들기 위해 논에다 씨를 뿌려 키웠는데 여릴 때는 구수하고 야들야들해서 주인 몰래 낫으로 베어다 나물로 먹기도 했다.

요즘 보면 나물들의 가지 수가 참 많기도 하다. 예전에 시골에서는 먹지도 않았던 풀들이 서울에서 살다보니 무슨 건강식 유기농 나물이라며 마트의 한 자리를 차지하고 있다. 특히 비듬 나물은 똥이 많은 밭에 흐드러지게 많았다. 또한 질경이는 소가 달구지를 끌고 가면서 똥을 누는 길가에 지천으로 많았다. 지금은 먹을 것이 지천인 시대에 오히려 옛 풀들을 찾아 먹는다는 생각을 하면 이 아이러니한 현실에 웃음이 절로 배어난다.

어릴 적 고향에서 살 때는 가끔 올케언니를 따라서 나물을 뜯으러 갔다. 나물이래야 어린것이 얼마나 뜯었겠나마는 올케 언니는 그래도 혼자 다니는 것보다 딸 같은 나라도 옆에 있으면 조금은 말벗이 되었는지 나물을 캐러 갈 때는 나를 데리고 갔다. 그때는 보리밥 한 술과 김치를 보자기에 싸들고 무서운 줄도 모르고 첩첩산중으로 다녔다. 나물도 뜯는 것이 아니고 낫으로 욕심껏 베어 고개가 아프도록 머리에 이고 집으로 왔다.

밤이 되면 온 가족이 호롱불 밑에 모여앉아 나물 보따리를 풀어놓고 종류별로 나누었다. 취나물과 쑥, 고사리 등을 골라서 일부는 말린다. 말린 쑥은 설날 떡을 하는데 넣었고 취나물과 고사리는 설과 보름에 나물을 했다. 그때는 모든 것이 부족했지만 특히 쌀이 부족한 시절이라 밥을 할 때도 쌀보다 쑥을 더 많이 넣어 쑥밥을 했다. 그래도 밥맛이 좋아 맛있게 먹고 자랐다. 말려두었던 쑥은 설에 떡을 하는데 썼지만 떡도 역시 쌀보다는 쑥의 양이 더 많아 까만 쑥떡이 되었다. 어려웠던 시절에 쑥과 나물은 그렇게 부족한 식량을 대신해 주었다.

몇 해 전 어느 봄날, 고향 친구들과 나물을 뜯으러 갔던 일이 생각난다. 어디였는지 지금은 기억이 잘 나지 않지만 먼 곳으로 간다기에 아침 일찍 밥과 과일을 주섬주섬 싸서 차에 싣고 갔다. 그런데 목적지에 도착하자마자 친구들은 나물 장사라도 할 작정이었는지 재빠르게 산으로 올라가더니 모두 사라져 버렸다. 나는 밥이라도 먹고 놀 겸 쉬엄쉬엄 가고 싶었지만 하는 수 없이 친구들을 따라서 허둥지둥 올라갔다. 그렇지만 친구들은 빠르게 올라가 버려서 따라갈 수가 없었다.

적당히 올라가면 어렸을 때처럼 취나물이 많을 줄 알았는데 산은 점점 가팔라져서 힘은 빠지는데 나물은 보이지 않았다. 할 수 없이 소리를 질렀다.

"애들아, 얼만큼 더 가야 나물이 있니?"

했더니 친구 모습은 보이지 않고 목소리만 들려왔다.

"취나물은 어느 장소에 있는 게 아니야. 산을 오르면서 한잎 두잎 눈에 보이는대로 옛날에 벼이삭 줍듯이 뜯어야 해."

한참을 헤맸어도 나물은 보이지 않고 배가 고파서인지 산이 나를 안고 도는 것처럼 어지럽기 시작했다. 현기증이 점점 심해지면서 중심 잡기가 힘들었다. 할 수 없이 나무 밑에 앉아서 두리번두리번 친구들을 찾아보았지만 아무도 보이지 않았다. 무섭기도 하고 겁이 나서 큰소리로 친구들 이름을 다시 불렀다. 이윽고 한 친구가 다가왔다. 그 친구에게

"나는 어지러워. 나물을 안 뜯고 안 먹을 거야!"

하며 내려가겠다고 말했더니 자기도 어지럽고 힘이 들었는데 차마 그만 가고 싶다는 말을 못 했다며 함께 내려가자고 했다.

우리는 산을 내려오면서 앞으로는 나물이 아무리 비싸도 비싸다는 말 하지 말고 사 먹자고 다짐하며 조심조심 내려왔다. 그런데 거의 다 내려왔다고 생각했는데 발을 헛디뎌 약속이라도 한 듯이 둘이서 주르륵 미끄러져 도랑으로 푹 빠져버렸다. 깜짝 놀랐지만 다행히 물은 없고 촉촉한 풀숲이었다. 친구와 나는 그 위에 덜렁 주저앉아 서로 바라보며 다친 데는 없는지 다시 확인했다. 우리는 넘어진 김에 쉬어 가자며 서로 마주보고 깔깔 웃다가 정신을 차리고 앉은 곳을 살펴보니 풀숲이 아닌 미나리 도랑이 아닌가! '꿩 대신 닭' 이라고 우리는 미나리라도 뜯어가자며 욕심껏 한 아름씩 뜯었다. 나중에 내려온 다른 친구들은 나물이 예전처럼 많지 않다며 아쉬워했지만 둘이는 미나리라도 양껏 뜯어서 다행이라며 마주보고 웃었다.

오늘, 남편이 뜯어다 삶아놓은 취나물 위에 그때 그 도랑의 파란 미나리가 함께 어우러져 하늘거린다.

찢어진 청바지

친구들을 만나기 위해 지하철을 탔다. 우리들은 십 년 전부터 만나온 친구들이다. 성격이나 생각은 조금씩 다르지만 언제 보아도 기분 좋은 친구들이다. 나이가 제일 많은 나는 때론 조심스러울 때도 있지만 수다를 떨다보면 그 마음은 사라지고 모두가 친구처럼 느껴진다.

올 여름은 메르스로 전국이 떠들썩했다. 그 여파로 모든 관공서들은 이미 계획된 행사를 취소했으며 외국인들도 한국 여행을 꺼려했다. 그리고 우리 주부들의 작은 모임에까지도 메르스 바람은 불어 모임을 연기하는 경우가 많아졌다. 그로 인해 우리나라는 경제위기를 맞이했고 그 영향은 서민생활에도 깊숙이 파고들어 경제적으로 어려움을 겪게 했다. 그렇게 매스컴의 위력은 경제를 마비시켰다.

어느 해 여름 나는 간장을 거르고 있었는데 딸이 들어오며

"엄마, 지금 뭐해?"

"뭐 하긴 보면 몰라, 간장 거르고 있잖아!"

했더니 딸은 한심하다는 듯이

"아니, 남들은 여차 하면 비행기 타고 떠날 준비를 한다는데, 간장이나 거르고 있다니! 그래, 내일 지구가 무너져도 엄마는 오늘 사과나무나 심구려."

하며 웃었다. 뉴스에서 전쟁위기설을 들은 때문이다. 주말만 되어도 고속도로는 주차장을 방불케 하는데 만약 전쟁이 일어난다면 더더욱 어디를 마음대로 갈 수 있을까?

올해도 눈만 뜨면 TV에서 메르스에 대해 떠들었고 그 여파는 태풍에 흔들리는 나무처럼 전 국민의 마음을 흔들었다. 늦깎이로 공부하다 모임을 구성해 매월 만나던 우리들도 매스컴에 동요되어 두 달 건너 만났다. 오랜만이라 쉴 새 없이 조잘조잘 마치 황금벌판에 참새 떼가 모인 것처럼 떠들었다. 이렇게 떠들 수 있다는 것도 한편으론 건강해 보여 좋았다.

언제 보아도 정이 넘치는 친구들이다. 인형처럼 예쁜 친구가 있는가 하면 맏며느리처럼 듬직한 친구도 있다. 순수한 사과처럼 상큼한 웃음으로 생동감을 주는 친구와 다람쥐처럼 쉴 새 없이 부지런히 봉사 활동하느라 바쁜 친구도 있다. 모두가 예쁘고 소중한 친구들이다. 오늘은 한 친구가 찢어진 청바지에 예쁜 구두를 신고 나왔는데 나는 그 친구에게 눈길이 갔다. 찢어진 사이로 뽀얀 살결이 보일락 말락 귀엽기까지 했다.

1990년 대학을 다니던 큰아들은 어느 날부터 머리를 기르기 시작하더니 쥐꼬리처럼 고무줄로 묶고 다녔다. 공부하는 학생이 남 보기 흉하다고 야단쳤지만 아들은 듣지 않았다. 남들은 그것도 한 때 젊음이라며 오히려 머리를 묶으니 귀엽다고까지 했다. 그러나 나는 변해가는 아들을 볼 때마다 울화가 치밀었고 가슴속에서는 두 방망이가 춤을 췄다. 그런데 어느 날부터 찢어진 청바지까지 입기 시작했다.

그러던 어느 날 아들은 찢어진 청바지에 머리를 묶고 나름 갖은 모양을 내고 몰래 나가다가 나와 눈이 딱 마주쳤다. 멋쩍은 듯이 아들은 빙그레 웃더니 후닥닥 뛰어 나갔다. 나는 그만 끓어오르는 감정을 참지 못하고 대문 밖으로 나가는 아들 뒤통수에다 대고

"깡통이나 하나 들고 나가, 집에는 들어올 생각도 하지 말고!"

그렇게 소리를 질렀다. 그러나 아들은 뒤도 돌아보지 않고 가버렸다.

아들이 머리를 묶고 찢어진 청바지를 입고 다닐 때는 남 보기 흉하다고 소리 소리를 질렀던 내가, 오늘 그 친구가 입은 찢어진 청바지는 예쁘게 보이는 이유는 무엇일까? 그때 남들 말처럼 그 친구가 나보다 젊어서일까, 아님 나도 아직 젊음을 갈구하고 있기에 그 친구가 예쁘게 보이는 것일까?

옛날 같으면 가정주부가 그 나이에 찢어진 청바지를 입는다는 걸 감히 상상이나 했을까. 그러나 요즘은 나이와 상관없이, 젊고 늙고를 가리지 않고 개성에 따라 옷을 입는 시대가 되었다. 나도 때론 빨강 바지도 서슴없이 입고 다닌다. 세월은 나에게도 많은 변화를 주었다. 오늘처럼 찢어진 청바지도 예쁘게 볼 수 있도록 마음 속 눈까지 뜨게 했다. 그렇게 공부는 하지 않고 놀기만 하는 것처럼 보이던 아들도 벌써 두 아이의 아빠가 되었고 사업가로 충실한 생활을 하고 있다.

우리 부모들은 항상 자식을 걱정한다. 자식들은 태풍과 비바람을 맞아가면서도 슬기롭고 꿋꿋한 나무로 자라는 것을!

빈 깡통

결혼한 지 십 년, 정연이는 산비탈에 매달린 집을 샀다. 허름한 집은 페인트칠을 시작으로 담장도 새로 쌓으며 이곳저곳 수리를 했다. 집과 여자는 가꾸어야 한다는 속담처럼, 허름한 구옥이었지만 수리를 했더니 호화로운 집은 아니라도 그런대로 아담하고 예뻤다. 봄이면 강남 갔던 제비는 봄을 물고와 텃밭에 봄을 뿌려 놓았다. 처마 끝자락에 제비도 저만의 둥지를 틀었다.

봄이 오니 마당 한 켠에 자리한 목련이 제일 먼저 살포시 미소 짓는다. 날이 따뜻해 오자 씨앗을 솔솔 뿌려두었더니 상추와 열무는 물론 귀퉁이에 수줍게 앉아있던 수국도 시샘하듯 연록색으로 몸단장을 하고 다소곳이 서있다. 마치 한 폭의 그림이다. 정연이는 '행복이 이런 거구나!' 라고 생각했다.

어렵게 집을 사기는 했지만 이제는 커가는 아이들을 위해 준비를 해야 했다. 그래서 집을 사고 난 뒤 반찬값을 아껴가며 푼푼이 돈을 모으는 데 게을리하지 않았다. 그렇게 조금씩 돈이 모이자 모은 돈을 일반 통장에 그냥 두느니 정기예금으로 넣어두면 함부로 쓰지도 않고 쥐꼬리만큼이라도 이자가 붙겠지 라는 생각이 들었다. 그래서 마침 은행에 근무하는 숙이가 생각났다.

정연이는 막내딸이 다섯 살 되던 해 봄, 남편의 권유로 테니스를 배우기 시작했다. 테니스는 다른 운동에 비해 처음에는 힘들지만 어느 정도 배우고 나면 상대가 있고 승부욕도 생겨서 활력이 넘치는 운동이다. 숙이도 테니스장에서 만난 친구다. 정연이보다 나이는 어리지만 키가 크고 늘씬했다. 뽀얀 피부에 빤짝거리는 검은 눈동자와 긴 눈썹, 오뚝한 코와 입, 그리고 얼굴에는 항상 미소를 짓고 있어 포근해 보였다. 그래서 숙이는 남녀 모두에게 사랑을 받았는데 정연이도 숙이를 처음보는 순간부터 마음이 끌렸다. 세월이 가면서 정연이과 숙이는 서로 마음을 터놓고 무슨 얘기든 할 수 있는 친구가 되었다.

어느 날 정연이는 숙이를 은행으로 찾아가 예금에 대해 의논을 했다. 숙이는

"언니, 액수가 얼마나 돼?"

"응, 많은 돈은 아니고 이천 정도야."

"언제 쓸 건데, 언제까지 맡길 수 있어?"

"그러게 아이들을 위해 모은 거라 특별한 일이 없는 한 쓰지 않으려 해."

그러자 숙이는 장기예금으로 넣어두면 이자가 훨씬 많이 붙는다고 5년 만기 정기 예금을 권했다. 정연이는 5년은 너무 길 것 같아서 일단 이

년 만기 예금으로 넣어 두면 좋겠다고 했다. 어렵사리 집을 사고 난 후 가을걷이 후 이삭 줍듯 모은 돈이기도 했지만 그 돈은 고등학생과 중학생, 초등학생 딸이 있는 정연이 집의 총재산이었다.

정연이는 숙이가 설명하는 대로 모든 서류에 도장을 찍었다. 서류에 도장을 다 찍은 후 숙이는 잠시 기다리라며 커피 한 잔을 정연이 앞에 내어 놓고 작성한 서류를 들고 자기자리로 돌아갔다. 정연이가 커피를 마시며 낯익은 은행 안 풍경을 무심히 둘러보고 있는데 숙이가 서류를 다시 들고 나왔다. 한 곳에 도장이 잘못 찍혔다며 도장을 다시 달라고 했다. 아무런 생각 없이 도장을 내주었다. 모든 과정을 다 마친 후 은행 문을 나서는 정연이는 마치 몇 억이라도 맡겨 놓은 듯 마음이 뿌듯했다.

황해도 연백이 고향인 시부모님은 1·4 후퇴 때에 안성으로 피난을 오셨다. 북에서 내려온 대부분의 사람들이 그러하듯 아무것도 못가지고 맨몸으로 내려오셨다. 남의 집 셋방살이를 하면서 갖은 고생 끝에 터를 닦고 삼남매를 키웠다. 자식들은 나름 잘 자랐고 각자의 둥지를 틀고 떠나갔다. 누구나 그러듯이 자식이 부모 곁을 떠나고 나면 당신들의 몸은 세월에 짓눌려 종합병원으로 변해간다. 정연이 아버님과 어머님도 당뇨병과 오랜 투쟁 끝에 결국 거동이 불편하게 되었다. 할 수 없이 제2의 고향인 안성 집과 가게도 정리하고 큰아들과 함께 살기로 했다.

재산을 정리한 아버님은 결혼시키면서 한 푼도 주지 못했던 정연이가 마음에 걸렸다. 이번이 아니면 영원히 도와줄 기회가 없을 것 같은 생각이 들었는지 어느 날 정연이를 불렀다. 정연이는 아버님을 바라보았다. 옛날 그 시아버님이 아니었다. 불호령 한마디로 온 식구들이 쥐죽은 듯 숨도 못 쉬게 하던 그 패기는 흔적도 찾아볼 수 없었다. 축 처진 어깨에

힘없는 목소리로

"애야, 결혼할 때 아무것도 못해줘서 미안했다."

하면서 두툼한 봉투를 정연이 앞에 내놓았다. 정연이는 뜻밖의 봉투를 보고

"아버님 이게 뭐에요?"

"응, 안성에 있는 모든 재산을 정리했는데 너에게 줄 것은 이것 밖에 안 되어서 미안하구나!"

돈 봉투를 보는 순간 정연이는 화가 났다. 힘들게 살아온 지난날의 생채기가 점점 커지더니 가슴을 할퀴고 지나갔다. 모든 것을 이해하고 이제는 잊었는 줄 알았는데 아직도 서운함이 잠재되어 있었는지, 미움과 아픔이 뒤섞여 코끝이 매웠다.

정연은 소리치고 싶었다. '도와주려면 진즉에 도와주시지 뼈를 깎는 가난을 죽기 살기로 헤쳐 왔는데 왜 이제 와서 또 제 마음을 아프게 하세요?' 라고. 그러나 풀기 없는 아버님의 목소리에 목구멍까지 올라온 그 말을 속으로 꿀꺽 삼키고 말없이 돌아나왔다. 서러움이 폭풍처럼 밀려와 그녀의 가슴은 휩쓸었다.

며칠 뒤 아버님은 그 돈을 남편에게 보내왔다. 천만 원이라고 했다. 돈뭉치 위로 지나간 세월이 겹쳐지면서 정연이는 남편도 미웠다. 둘째가라면 서러울 정도로 효자인 남편이 정연을 달랬다.

"당신이 이 돈을 끝까지 안 받으면 당신을 좋아하는 우리 아버지가 속상해 하시잖아, 아버님 용돈을 매달 이 돈에서 드리면 아버님도 좋아하실 거고 당신도 애들과 사는데 여유가 생겨 좋지 않겠어?"

정연의 남편은 몇 번을 받아들이라고 정연이를 달랬다. 정연이의 머릿속에 7년 전의 일이 스쳐지나갔다.

정연의 남편은 규모는 작았지만 사업을 잘했다. 그러자 옆에서 지켜보던 남편 친구가 사업을 확장시켜서 함께 동업을 하자고 했다. 그러나 정연이는 동업은 성공하기 힘들다고 말렸다. 동업이란 잘못하면 돈 잃고 친구도 잃는다고 말했지만 소용이 없었다. 둘이서 사업을 확장시켜 일을 하면 금방 돈을 갈퀴로 긁어들일 것처럼 꿈에 부풀어 사업을 확장시키고 직원도 몇 명 두고 일을 시작했다. 하지만 기대가 크면 실망도 크다고 그들의 사업은 일 년도 못가서 바닥을 치고 말았다.

매몰차지 못한 정연의 남편은 아무 말도 못하고 매일 술에 젖어 살았다. 당장 아이들과 끼니 걱정을 해야 하는 데도 아무런 생각이 없는지 무기력하게 나날을 보냈다. 어쩔 수 없이 정연이는 돌도 되지 않은 막내딸을 등에 업고 아버님을 찾아갔다. 안성에 도착하니 점심때가 되었다. 정연이를 본 순간 아버님은 이미 눈치를 채셨는지 무슨 일로 왔냐고 묻는 목소리부터 정연이를 귀애하시던 예전 아버님이 아니었다. 할 말을 못하고 죄 없는 밥숟가락에 눈물만 뚝뚝 떨어뜨렸다. 그때 정연이를 재촉하듯이 아이가 울기 시작했다. 정연이는 아이를 달래고 나서

"아버님, 싼 이자로 돈 좀 얻어주세요."

기어들어가는 목소리로 어렵게 말을 했다. 그런데 말이 떨어지자마자

"내가 돈을 얻어주면 애비가 술만 늘지 지금 니네가 거지와 다를 게 뭐가 있냐?" 하셨다. 정연이는 마음속으로 '아버님이 뭘 해 주셨는데요? 결혼할 때 젓가락 한 짝도 안주셨잖아요. 제 고향이 전라도라서 맘에 들지 않다고요!

이 말이 목구멍까지 올라왔지만 꿀꺽 삼켰다.

"제발 한 번만 돈을 얻어주시면 서울에서 거지가 되어도 아버님 돈은

제가 꼭 갚 아요. 갚아 드린다구요!'

정연이는 이를 악물고 악의에 찬 무서운 말을 내뱉고 돌아서 나왔었다.

경제 개발 5개년 계획이 성공한 때문이었을까? 당시 우리나라에는 한 집 건너 두 집이 증권을 할 만큼 남녀 구분할 것 없이 많은 사람들에게 증권 바람이 불었다. 눈만 뜨면 TV 뉴스에서까지 증권 소식을 보도했다. 거센 비바람이 태풍을 동반하듯 증권 바람은 잔잔하던 가정주부들의 마음까지도 흔들었다. 직장을 퇴직한 사람들은 퇴직금을 들고 몰려들었고 허리띠를 졸라가며 살던 주부들까지 너도나도 시냇물이 강물을 향해 흐르듯 증권시장으로 몰려들어 개미군단이라는 말까지 생겨났다. 한동안 이 증권 바람은 그칠 줄 모르고 점점 더 거세게 회오리바람으로 변해 하늘이라도 덮을 듯이 불어 닥쳤다. 한치 앞을 볼 수 없는 회오리바람에도 사람들은 쌈지돈은 물론 은행 적금까지 해약해서 모두를 쏟아 부었다. 마치 광산에서 금맥을 발견해 노다지를 캘 것처럼 증권에 투자를 시작했다. 증권을 해서 수익을 내기란 날고뛰는 사람도 힘들다는 사실을 아는지 모르는지 그저 한탕주의를 꿈꾸며 허황된 꿈속을 헤매고 있었다.

어느 날 증권회사에 다녀오는 중이라며 미란이가 정연이네 집에 놀러 왔다. 미란이는 구의동으로 이사 와서 맨 처음 알게 된 친구다. 이사 온 그날 오후 정연은 마당에서 이삿짐 마무리 정리를 하고 있었다. 집 앞을 지나던 젊은 여인이

"어데서 살다 왔어요?"

하고 말을 걸기 시작했다. 쉽게 사람을 사귀지 못하는 정연은 미소만 지었다. 하지만 그 여인은 가지도 않고 계속 이것저것 말을 시켰다. 알고

보니 미란이 성격은 정연이와는 정반대로 서글서글하고 화통했다. 그 뒤부터 미란은 시장을 오갈 때마다 수시로 찾아 와 세상 돌아가는 얘기를 들려주었다. 남편이 세무사인 미란이는 경제에 눈이 밝았다. 주식을 사고팔고도 잘하는 것처럼 보였다. 둘이서 커피를 마시며 이러저런 얘기를 하다가 어느 날 미란이가 말했다.

"자기도 여윳돈이 있으면 주식을 조금해 봐, 은행에 둔 것보다는 훨씬 나아."

정연이 귀가 쫑긋해지며 그 말이 달콤하게 들렸다. 열 번 찍어 안 넘어가는 나무 없다고 타다 남은 재에서 불씨가 살아나듯 정연이의 마음이 흔들리기 시작했다. 마침 아버님이 주신 돈도 있으니 은행에 두느니 주식에 투자하면 금방 돈이 불어 날 것 같았다. 그럼 아버님 용돈도 많이 드릴 수 있어 좋겠다는 생각으로 마음이 기울었다.

정연이는 아버님께 받은 돈의 반을 뚝 잘라 투자했다. 자고 나면 증권회사에 전화를 했고 주식에 주자도 모르는 정연이는 직원이 시키는 대로 사고팔고를 반복했다. 처음에는 돈이 조금씩 불어났다. 그러자 마음이 들뜨면서 돈 벌기 참 쉽다는 생각에 욕심이 생겼다. 당장에는 쓸 일이 없어 아버님이 주신 돈을 은행에 맡겨 놓았는데 나머지 돈도 모두 찾아다 주식에 넣었다. 그것뿐만 아니고 그동안 조금씩 모은 돈까지, 아이들을 위해 적금을 들어 둔 것만 빼고 돈이라고 생긴 것은 모두 탈탈 털어 주식에 투자했다. 이제 돈은 금방 눈덩이처럼 불어날 것이다. 증권회사 직원은 무담보로도 주식을 더 살 수 있다고 부채질까지 했다.

그러나 불꽃처럼 피어오르던 주식은 눈치 빠른 외국 기업들이 투자를 중단하고 매도하면서 썰물처럼 빠져나갔다. 하지만 경제에 눈이 어두운 개미군단은 물론 경제를 조금 안다고 뛰어들었던 사람들까지, 일확천금을 꿈꾸던 주식시장은 천둥번개를 동반한 비바람이 불어 닥치며 한치 앞을 못 보는 것처럼 바람에 휩쓸리기 시작했다. 주식시장은 순식간에 가지는 물론 뿌리까지 뽑혀 폐허가 되어갔다. 눈만 뜨면 깡통 계좌가 늘어났다고 뉴스에서 떠들었다. 심지어 빚을 얻어 주식을 하다가 빈 깡통이 되자 자살한 사람들도 있다는 말까지도 떠돌았다. 퇴직금을 모두 날린 사람도 있었다. 허황된 꿈에 부풀어 한탕 잡아보겠다고 투자한 돈이 통째로 날아간 것이다. 주식은 그렇게 온 국민의 가계를 폐허로 몰고 갔다. 정연이도 예외는 아니었다. 주식의 속성을 모르고 허황된 꿈에 부풀어 투자한 모든 돈이 한꺼번에 벼락을 맞았다.

정연이 가슴은 마치 뜨거운 가마솥에 집어넣은 가물치처럼 팔딱팔딱 뛰었다. 남편은 눈만 마주치면

"무슨 여자 간덩이가 그렇게 커? 몇 천을 날리고도 눈도 꿈쩍을 안 하니?"

했다. 쥐도 도망갈 구멍이 없으면 되돌아 고양이를 문다고 했듯이 제정신이 아닌 정연이도 끝내 참지 못하고

"너만 돈이 아깝냐? 나도 아까워 미치겠다고! 아버님 돈도 내가 받지 않는다고 했는데 당신이 가져왔잖아. 그래서 너는 평생 효자고 그 옆에 사는 나는 뭐냐, 나 혼 자 잘 먹고 잘 살아보자고 그랬어?"

정연은 미친 여자처럼 퍼부었다. 그 뒤로 남편은 아무 말이 없었다. 빈 깡통 소리는 그렇게 가슴에 생채기만 내놓고 멀리멀리 사라졌다. 정연은 그래도 무담보로 주식을 사지 않은 것만도 다행이라며 스스로 마음의 위로를 했다. 정연이는 그렇게 많은 수업료를 내고서 인생공부를 한 셈이다.

유행이 돌고 돌듯 증권 바람은 다시 부동산으로 옮겨갔다. 강남 복부인이 자고 나면 부동산 투기로 돈을 번다는 소문은 바람을 타고 강북까지 떠돌았다. 정연이는 또 귀가 솔깃했다. '이 기회에 증권으로 날린 돈을 찾아볼까?' 하는 생각이 들었다. 마침 좋은 땅이 있다고 믿을 만한 지인한테서 전화가 왔다. 그 땅을 사서 창고를 지으면 월세도 잘 나오고 몇 년 지나면 토지 변경해서 집도 지을 수 있다며 ○○○○부서인가 어딘가에 근무하는 사람에게서 나온 말이라 믿을 수 있으니 투자가치가 좋다고 했다.

정연이는 남편 못지않게 돈을 벌어 보려는 욕심에 며칠을 고민했다. 그러다가

"땅은 거짓말을 안하는 겨!"

라는 엄마 말이 생각났다. 땅은 거짓말을 안 한다고 정연이 엄마는 늘 말했었다.

"사람은 돈이 생기면 땅에 묻어야 하는 것이여. 돈이란 것이 가지고 있으믄 자기도 모르게 달아 난당께."

하던 엄마 말을 정연이는 귀가 아프게 들으면서 자랐다. 평생을 변변한 땅 없이 농사일을 해온 정연이 엄마의 가난한 생활에서 비롯된 소망이었을지도 모른다.

며칠을 심사숙고한 후 땅을 사기로 결정하고 오후에 만나서 계약을 하기로 약속했다. 아이들을 위해 준비해 둔 돈이라 마음이 약간 캥겼지만 더 많이 준비해주면 괜찮을 거라 위안을 하며 은행을 찾았다. 숙이네 은행으로 갈 수도 있었지만 이런저런 사정을 말하기 싫어 차편이 편리한 종로 지점으로 찾아갔다. 번호표를 뽑고 순서를 기다렸다. 마음은 바쁜데 상가가 많아서 그런지 손님도 많았다. 삼십분 이상을 기다리다 순

서가 되어 통장을 내밀었다. 직원은 기한도 얼마 남지 않았는데 지금 해약하면 이자가 없다고 상세히 설명했다. 정연은 돈을 급하게 써야 할 때가 생겨서 해약을 꼭 해야 한다고 강력하게 말했다.

은행 직원은 통장을 확인하더니

"손님, 통장에 돈이 하나도 없는데요?"

했다. 헛웃음이 나왔다. 잠시 후 머리가 띵하며 현기증이 났다.

"아니, 내가 넣은 돈을 다른 사람이 찾아 갈 수도 있어요?"

하고 직원에게 물었다. 그럴 수는 없다는 직원의 대답이었다. 직원은 내가 너무 황당해 하니까

"아~ 혹시 아는 사람을 통해서 적금을 넣으셨어요?"

하더니 어느 지점에서 누구와 계약을 했느냐고 물었다. 그 순간 지점을 말하면 안 될 것 같은 생각이 머리를 스치고 지나갔다. 이게 TV뉴스에서만 보던 상황이 내게 일어난 건가? 숙이를 찾아 가기로 했다.

일단 버스를 탔다. 아침만 해도 땅을 사면 어떻게 할 지 부풀었던 가슴이 지금은 쿵쾅쿵쾅 방망이질을 했다. 얼굴 또한 불덩이가 붙어있는 것처럼 화끈화끈 달아올랐다. 지금 이 상태로 그 친구를 만난다면 이성을 잃고 무슨 말이 나올지 정연이도 몰랐다. 마음을 진정시키기 위해 두 정거장 먼저 버스에서 내렸다. 천천히 걸으면서 마음을 안정시켰다. 두 정거장을 터벅터벅 걷고 나니 마음이 조금 가라앉았다. 그때서야 '그래, 내 돈은 은행이 책임질거야. 하지만 숙이는 이 일이 탄로나면 직장을 잃을 수도 있겠지!' 때마침 경제계는 경제 악화로 인해 한참 구조조정을 하는 시기였다. 숙이가 잘못은 했지만 나로 인해 직장에서 잘리게 된다면 숙이를 볼 때마다 힘들겠다는 생각이 그 와중에도 들었다.

한참을 걸어 은행에 도착했다. 직원을 통해 숙이를 조용히 불렀다. 숙

이는 약간 놀란 표정으로 눈을 동그랗게 뜨고 나왔다. 정연이는 마음을 가라앉히고 조금 전에 있었던 상황을 이야기 했다.

"언니, 미안해서 어떡하지? 실은 내가 돈이 좀 급하게 필요해서 잠깐 쓰고 넣어 두려고 했는데 ……."

미안하다고 했다. 그러면서 한 달 후에는 꼭 갚아 줄 테니 제발 한 번만 봐 달라고 싹싹 빌었다. 믿는 도끼에 발등을 찍힌 격이다.

아침에 부풀었던 발길은 천근이 되었고 땅을 계약하기로 한 약속시간이 훨씬 지나서야 정연이는 집으로 왔다. 부동산 중개업자에게서 사흘 동안 전화가 계속 오더니 반응이 없자 끊어졌다. 그렇게 시간은 무덤덤하게 지나갔다. 한 달 후 지인에게서 또다시 전화가 왔다. 똑같은 땅인데 이천만 원을 더 달라고 하는데 그래도 사두면 투자가치가 있다고 했다. 밤 새워 기와집만 열두 채를 짓고 나니 아침이 밝았다. 지인은 오늘까지 답을 달라고 했지만 한 달이면 해준다고 한 숙이에게서는 연락이 없다. 빚이라도 내서 사고 싶었지만 남편은 두 말할 것도 없이 펄쩍 뛰었다.

한 달에 이천 만 원, 그때 샀더라면….

정연의 허황된 꿈은 잡을 수 없는 파랑새가 되어 날아갔다. 마당에 있는 빈 깡통을 발로 꽝 찼다. 요란한 소리가 담을 넘어 골목길을 휘감다 사라져갔다.

잘려진 날개

인물이 잘생긴 옆집 진돗개 이름은 쫑이다. 며칠 전부터 쫑의 집 위에 올려놓은 새장에는 한 쪽 날개가 잘려져 날지도 못하고 파닥거리며 살고 있는 참새 한 마리가 있다. 약콩처럼 반짝반짝 빛이 나는 검은 눈동자를 이리저리 굴리며, 겁에 질려 짹짹짹 애타게 엄마를 찾고 있지만 엄마는 보이지 않는다. 그것을 본 고양이 세 마리가 여차하면 뛰어가서 한 입에 삼켜버릴 기세로 몇 시간을 담장 위에 웅크리고 앉아있지만 담은 넘지 못하고 기회만 노리고 있다.

요리사는 요리강의를 삼십여 년 간 했다. 그런데 요즘 들어 건망증이 생겼는지 매끄럽던 강의가 가끔씩 단어가 생각이 나지 않아 곤혹스러울 때가 생겼다. 그래서 사람은 '박수칠 때 떠나라' 는 말처럼 요리사도 후

배에게 그 자리를 물려주고 지금은 하루하루를 여유롭게 지내고 있다. 그런데 '실업자가 과로사로 쓰러진다' 는 말처럼, 요리사로 바쁘게 일할 때는 아들딸도 엄마를 부르지 않다가 직장을 그만두었다고 하니 제일 먼저 싱가폴에 살고 있는 아들이 초청을 해서 며칠 째 여행준비를 하느라 바쁘다.

옛날과 달리 요즘은 쥐를 구경하기도 쉽지 않은데 싱가폴로 떠나기 전 전날 난데없이 쥐 한 마리가 나타나 날 보란 듯이 빠끔히 나타났다가 사라지기를 반복했다. 누가 날쌘 사람을 두고 쥐처럼 잘 빠져나간다고 했던가, 날쌘 쥐를 결국 잡지 못하고 요리사는 찜찜한 마음으로 여행을 떠났다.

한 달 보름을 아들 집에서 살고 왔다. 그 사이에 쥐는 새끼를 낳아 대가족이 되어 있었다. 비어있는 집이 저희들 궁전이라도 된 듯이 여기저기서 마라톤을 하고 다녔다. 그것을 바라본 강아지 장화는 쥐를 잡겠다고 덩달아 뛰어 다녔다. 그러나 날쌘 쥐를 한 마리도 잡지 못한 장화는 아쉬움에 쥐가 들어간 구멍에다 코를 들이대고 킁킁거리기만 했다.

어느 날 요리사는 평소 친하게 지내던 옆집 아줌마와 함께 쥐를 잡기로 했다. 쥐덫을 놓을까 아니면 끈끈이를 붙일까, 생각하다가 쥐가 잘 다니는 길목에 끈끈이를 붙이기로 했다. 첫날밤, 쥐가 잘 다니는 길목에다 끈끈이를 놓았다. 날이 밝자 두 여인이 함께 나가 보니 쥐가 두 마리나 붙어 있었다. 한 마리는 죽어있고 또 한 마리는 그때까지 살아서 찍찍거렸다. 얼마나 놀랐는지 새벽이란 생각은 새까맣게 잊은 채 소리소리 지르며 끈끈이에 붙은 쥐를 돌돌 말아서 치웠다. 다음날도, 그 다음날도, 그렇게 며칠을 요란법석을 떨면서 쥐를 아홉 마리나 잡았다. 이제는 모두 잡았다고 마음 놓고 있었는데, 밤이 되자 장화가 또다시 구멍에 코를 들이대고 킁킁거렸다. 아직도 쥐가 남아있다는 신호였다. 다시 끈끈이를 놓고 이제 마지막 한 마리까지 잡히기를 바랐다. 그러나 마지막 끈끈이에는 쥐와 함께 참새 새끼 한 마리가 붙어 있었다. 쥐는 이미 죽어있는데 참새는 아직 살아서 파닥거리며 짹짹거렸다. 어린 참새가 엄마를 따라 아침밥을 먹기 위해 나왔다가 변을 당한 것 같다.

쥐를 잡는다는 것이 그만 어린 참새까지 잡았다는 죄책감이 들었다. 손에 꼭 쥐기만 해도 금방 죽을 것 같은 어린 참새를 보고 마음이 급해 얼른 떼어내려 했지만 겁에 질린 참새가 자꾸만 파닥거리는 바람에 한 쪽 다리와 날개가 점점 더 끈끈이에 붙어버렸다. 쥐는 잡아도 어린 새는 살려야 했다. 급한 마음에 가위로 끈끈이를 자른다는 것이 그만 날개를 자르고 말았다. 어린 참새의 날개에서는 금방 피가 흘러내렸다. 급히 상처에 약을 바르고 반창고로 감아 주었다. 한숨을 돌리고 난 후 한 사람은 손으로 새를 붙잡고 또 한 사람은 쌀을 잘게 빻아 조심스레 먹여 보지만 쌀은커녕 물 한모금도 넘기지 못하고 숨만 깔딱거리며 힘없이 누워있다. 짹짹거리는 새끼의 소리를 듣고 어미도 진종일 짹짹짹, 이 가지 저 가지로 오가며 주위를 빙빙 돌더니 다음날부터 어미는 찾아오지 않았다.

요리사는 보시하는 마음으로 꺼져가는 생명을 살리기 위해 주사기로 우유를 먹여보기도 하고 쌀을 빻아주고 좁쌀도 사다주며 정성을 들였지만 참새는 아무것도 먹지 않았다. 생각다 못해 보기만 해도 징그러운 지렁이까지도 잡아서 잘라 주었다. 참새는 그제서야 받아먹고 기운을 차렸다. 그러나 창공을 날아야 한다는 새의 본능에 날개가 잘린 것도 모르고 새장 속에서 절뚝거리며 이리 펄쩍 저리 펄쩍 날아보려고 발버둥 쳤다. 그러나 다음날 아침, 날아보려는 욕망에 짹짹거리며 이리저리 부딪친 상처를 이겨내기에 너무나 힘들었는지 어린 참새는 한 번도 날아보지 못하고 열흘 만에 영원한 세계로 날아갔다. 허탈한 마음에 두 여인은 장미꽃 나무 밑에 참새를 묻어주며 그곳에서라도 자유를 찾아 훨훨 날 수 있기를 기도했다.

댓잎과 꽃잎

손자가 열이 사십 도를 오르락내리락 파도치듯 한다. 새벽같이 병원을 다녀왔지만 열은 내리지 않았다. 딸은 급한 마음에 나를 찾았지만 전화기를 놓고 집을 나온 나는 한참이 지나고서야 연락을 받고 병원으로 뛰어갔다. 딸은 나를 기다리다 못해 또다시 아이를 안고 응급실로 뛰었다.

내가 병원에 도착했을 때는 이미 아기의 고사리 같은 손목에 링거가 꽂혀 있었다. 아기는 목마른 꽃잎처럼 축 처져 잠들어 있었고, 딸은 창백한 얼굴로 힘없이 앉아 있는데 얼굴에 초보엄마라고 쓰여 있었다. 아기의 머리를 만져보니 열이 팔팔 끓는다고 표현을 해도 무리는 아닐 것 같았다. 급한 마음에 거즈수건 두 개를 차가운 물에 적셔 하나는 머리에 올려놓고, 또 하나는 얼굴을 시작으로 목 겨드랑이는 물론 가슴과 발까지

찬찬히 닦아 주지만, 아기는 차갑다고 반응할 기운도 없는지 얼굴만 찡그리고 있을 뿐이다.

삼십오 년 전 아들만 둘을 키우던 나는 딸을 낳았다. 둘째 아들과는 일곱 살이나 차이가 났다. 드세고 뻣뻣한 아들만 키우다가 꽃잎처럼 가냘픈 딸을 낳으니 하늘에라도 오를 만큼 좋았다. 작은 얼굴에 구슬 같은 까만 눈망울은 초롱초롱 빛이 났고 수시로 방긋방긋 웃는 아이를 바라만 보아도 행복했다. 그러나 행과 불행은 언제나 평행선을 타고 다니는지, 온실의 화초처럼 가냘픈 딸은 감기를 달고 살았다. 그로 인해 의료보험도 없던 시절 많은 돈을 병원에 바쳤다.

아픈 치레를 많이 하면서도 어느덧 돌이 지났다. '이제는 좀 낫겠지!' 생각했는데 다시 감기로 며칠 동안 동네병원을 다녔다. 이젠 다 나았으니 걱정 말라던 의사선생님 말씀이 무색하게 밤부터 아이는 다시 고열이 났다. 허겁지겁 택시를 타고 소아과로 유명하다던 청량리 S병원 응급실로 뛰어갔다.

금방 숨이 넘어갈 것 같은 아이를 안고 나는 발을 동동 굴렀지만, 응급실이란 어디나 급한 환자가 찾는 곳이기에 순서를 기다려야만 했다. 하루 같은 시간이 지나고 난 뒤 간호사는 딸의 이름을 불렀다. '이제는 살았구나!' 안도의 숨을 쉬고 있는데 링거를 꽂아야 한다면서 아기가 너무 어려 손목에서는 혈관 찾기가 어려우니 머리에 링거를 꽂아야 한다고 했다. 때마침 짱구처럼 된 아이가 눈에 보였다. 그 아이는 머리에 링거를 꽂고 뛰어 놀다가 혈관이 터져 수액이 다른 곳으로 들어가서 짱구머리가 되었다고 했다. 물론 일시적인 현상이라고 했지만, 나는 혹여 딸도 그리될까 봐 간호사의 말을 무시하고 팔뚝에다 꽂아 달라 고집을 부렸다.

주사실로 들어간 아이의 울음소리는 숨이 넘어갈 듯이 자지러졌고, 나는 문밖에서 울고 있었다. 한참이 지나서야 물속에서 금방 건져낸 것처럼 흠뻑 젖은 아이를 받아 안고 입원실로 갔다. 울다 지쳐 내 품에서 잠시 잠이 든 아이를 간호사는 매정하리만큼 옷을 모두 벗기더니 모기장처럼 망사로 된 둥근 공간에 뉘여 놓고 그 위에다 젖은 수건을 덮더니 가습기를 틀어 수증기가 그 속으로 들어가게 했다. 아이의 얼굴은 바람 앞의 꽃잎처럼 파르르 떨고 머리에는 송알송알 이슬이 맺혔다. 그런 아이를 검사해야 한다는 명목으로 간호사는 수시로 피를 뽑았고 그래도 지쳐있는 아이는 울 힘도 없었다.

나는 자나 깨나 아이의 손목 혈관이 터질까봐 손을 꼭 붙잡고 있었고, 아이 역시 엄마의 젖꼭지만 만지작거리며 악몽 같은 일주일을 보냈지만 별 차도가 없었다. 병원 밥을 먹지 못했던 나는 하늘과 땅이 돌기 시작하더니 결국에는 쓰러져 아이와 함께 누워있는 신세가 되었다. 의사도 미안했는지 간호사를 시켜 밤에 알부민을 놔 주었다.

아침 회진시간에 담당의사가 들어왔다. 일주일을 치료했는데도 차도가 없는 아이를 보더니, 죄송하다며 다른 큰 병원으로 옮겨보라고 했다. 그 말에 나는 이성을 잃고, "아니, 소아과로 유명하다 해서 찾아왔는데 이깟 감기 하나를 일주일이 지나도록 고치지 못하고 이제야 큰 병원으로 가라니 말이 돼요?"

하며 소리를 질렀다. 의사도 자존심이 상했는지 다시 원점으로 돌아가 검사를 시작했고 결과는 천식에다 급성폐렴으로 나왔다. 약을 바꾸어 치료하니 금방 차도가 있었고 아이는 십삼일 만에 퇴원했다.

그 딸이 지금 그때의 나처럼 창백한 얼굴로 힘없이 앉아 떨고 있다.

눈비를 맞으면서도 대나무 잎처럼 강한 아이가 있는가 하면 온실에서 피어난 꽃잎처럼 가냘픈 아이도 있다. 열이 사십 도를 파도치듯 넘나드는 손자도 조금만 더 지나면 추운 겨울도 꿋꿋하게 견디어 낸 댓잎처럼 강하고 건강하게 자라줄 것이라 믿는다. 창백한 얼굴로 초조하게 아이를 걱정하는 초보 엄마도 자식의 울타리가 되면서 자신도 모르게 점점 강인한 엄마로 변해 가겠지. 지금의 나처럼.

문패 속 작은 집

태풍을 동반한 장마가 온다며 TV에서는 연일 떠들어 대지만 비는 오지 않고 열대야가 계속된다. 비좁은 집안에서 음식을 끓이니 한증막에 온 기분이다. 그래도 찬바람이 싫어 에어컨은 켜지 않는다. 집은 작아도 마당이 있고 이층집이 예쁘게 보여서 이십팔 년 전에 이 집으로 이사 왔다.

작은 집이지만 조용해서 나는 아파트보다 주택을 좋아한다. 그리고 손바닥만 하지만 마당이 있어 몇 년 전에 감나무 두 그루를 심었더니 지금은 제법 숲이 되었다. 아들 손자며느리 온 식구가 나무 밑에 돗자리를 깔고 저녁은 여기서 먹기로 했다. 시원한 바람과 함께 감나무도 우리를 환영하듯 춤을 춘다.

어디서 날아왔는지 직박구리 두 마리가 울어대며. 푸드덕푸드덕 이

가지 저 가지로 날아다닌다. 그러다 힘이 들면 날개를 툴툴 털어보기도 하고 꽁지를 흔들어 이물질을 털어 내기도 한다. 그것을 보고 있던 손자가 신기한 듯 저도 엉덩이를 흔들며,

"할머니. 새가 이렇게 했어요."

하며 새의 흉내를 내며 깔깔깔 웃는다.

자세히 보니 어미 새와 새끼 새인 것 같다. 아직 주둥이가 노란 것을 보니 분명히 한 마리는 새끼 새였다. 가끔은 어미 새가 어디로 날아가 먹이를 물고 와서 새끼 새에게 먹여 주기도 한다. 그러면서 어미 새는 새끼가 혼자 날아다닐 수 있도록 나는 연습을 시키는지 또 다시 이 가지 저 가지로 날아다닌다. 새끼 새도 어미 새를 따라 날아다닌다. 우리는 새가 날아 갈까봐 저녁밥도 조용조용히 먹었다.

1984년 사업에 실패한 우리는 산중턱 허름한 집으로 이사를 했다. 날씨마저 추운 12월, 몸도 마음도 추웠다. 그래도 봄이 오니 목련꽃과 수국이 활짝 피어 얼어붙은 마음을 포근히 감싸주어 따뜻했다. 밤이면 밝은 달밤에 바라보는 목련꽃의 아름다움에 나는 빠져들었다. 그렇게 아름다운 목련꽃은 그때 처음 보았다. 텅 비어버린 가슴을 꽃들이 채워준 것 같기도 했다. 지금도 목련꽃이 필 때는 일부러 달밤에 나가서 바라보지만 그때처럼 아름다운 목련꽃은 없었다.

따뜻한 봄은 왔으나 우리는 또 걱정이 생겼다. 허름한 집으로 이사를 왔으니 우선 제일 급한 곳부터 수리를 해야 했다. 마음 같아선 모두 헐어버리고 새로 지어도 아까울 게 하나도 없었다. 그러나 그럴 형편이 못되었다. 우선 쓰러져 가는 대문 기둥만 새로 하기로 했다. 간단한 일인 줄 알고 시작했는데 며칠이 걸렸다. 문패를 달기 위해 벽돌 한 장 공간을 비

워두고 공사를 마무리했다. 문패는 며칠 후에 맞춰 붙이기로 했는데, 차일피일 늦어졌다.

어느 날, 예쁜 새 한 쌍이 목련나무 가지에서 짹짹거렸다. 등은 진회색인데 가슴과 배 쪽은 노란색이었다. 나는 산이 가까워서 목련나무도 숲이라고 놀러온 줄 알았다. 그런데 매일 입에다 무엇을 물고 오는가 하면 사라지고, 사라졌다가 다시 물고 나타나기를 반복했다.

궁금했지만 나는 목련나무에 집을 지으려고 저리도 바쁘게 물어 나르겠지 생각했다. 그러나 아무리 목련나무 가지 사이를 살펴보아도 집을 지은 흔적이 없었다. 그런데 새집은 엉뚱한 곳에서 발견되었다. 예쁜 새는 문패를 달기위해 벽돌 한 장 공간을 비워둔 그 곳에다 집을 짓고 있었다. 어이가 없었다. 그렇다고 쫓아낼 용기는 더 없었다. 어쩌면 이집 주인은 내가 아니고 예쁜 새의 집인 지도 모르겠다. 예쁜 새는 수시로 무엇을 물고 와서 집을 짓느라 바쁘다. 정작 집주인인 나는 새가 집을 짓는데 방해가 될까봐 마음대로 드나들 수도 없었다.

그렇게 얼마나 흘렀을까? 이제는 한 마리가 아예 들어앉았다. 사람이 오면 잠시 목련나무 위로 피해 앉아서 짹짹거리며 고개만 갸우뚱거리고 있다. 마치 사람이 어디로 가나 살피는 것처럼 보였다. 그러다가 사람이 없어지면 재빠르게 들어가 앉았다. 알고 보니 예쁜 새는 벌써 엄마가 되어 알을 품고 있었다.

그것을 알고부터 나는 걱정이 되었다. 어떻게 저 새가 무사히 새끼들과 함께 숲으로 돌아갈 수 있게 지켜줄 수 있을까. 새집은 대문 안에 있는 것도 아니고 대문 밖에 있으니. 그날부터 나는 일을 하면서도 온 신경이 대문 밖 새집으로 가 있었다.

그러던 어느 날 새소리가 다른 날과 달리 유난히 크고 잦아졌다. 무슨 일이 있나 해서 나와 보니 목련 나무에서 푸드덕푸드덕 요란했다. 이상해서 밖에 나가보니 애들이 새알을 구경하느라 까치발을 하고 서서보고 있었다. 나는 새가 새끼를 까려고 알을 낳았으니 절대 손대지 말라고 애들에게 당부했다. 고맙게도 애들은 몇 번을 타이르자 새 알에 손을 대지 않았다. 말 못하는 새도 위급한 상황을 집주인에게 알려 도움을 청하느라 그렇게 목이 아프게 짹짹거렸던 것이다.

긴 여름 폭우에도 어려움 없이 새는 세 마리의 새끼를 까서 잘 키웠다. 배는 노랗고 등은 회색 바탕에 검은 줄이 있는 이름 모를 산새였다. 어려움 끝에 다섯 마리 한 가족은 어느 날 시원한 목련 나무에서 오늘 직박구리 새처럼 새끼들에게 나는 연습을 시켰다. 그리고 며칠 뒤 마지막 인사라도 하듯이 집 주변을 한 바퀴 돌더니 떠나갔는지 그 뒤부터 예쁜 새들은 보이지 않았다.

새는 가을에 이사를 갔고 나는 그 해 겨울에 산중턱에 있던 그 집을 떠나 지금의 집으로 이사를 왔다. 그런데 새는 다음 해에도 다시 찾아와서 그 자리에 알도 낳았고, 보금자리를 꾸몄는데, 애들이 알을 꺼내다가 깨뜨린 뒤 그 새는 이제는 돌아오지 않는다는 소식만 들었다.

문패 속 작은 집은 그렇게 주인을 잃었다.

오징어 입

오랜만에 을지로에 볼일이 있어 나왔다가 주변 건물이 온통 변했기에 구경삼아 걷다보니 신당동 근처였다. 오징어를 좋아하는 나는 발길을 중부시장으로 옮겼다. 말로만 듣던 큰 시장에는 오징어, 멸치, 김 등이 산처럼 쌓여있었다. 이곳저곳을 구경하다가 오징어 한 축을 사가지고 집에 왔다. 바라만 보아도 행복했다.

어렸을 적, 하루는 그 좋아하는 오징어를 실컷 먹고 싶어서 오징어 한 마리를 시작으로 밤새도록 몇 마리나 먹었는지 아침에 일어나니 입안은 까칠까칠하고 턱이 아파서, 하품을 할 수도 없고 밥도 먹을 수 없어서 며칠을 고생했던 기억이 있다. 자주 먹을 수 있는 간식거리가 아니었기에 기회가 있을 때 실컷 먹어두려 생각했던 것 같다.

지금은 오징어가 냉장고 속에서 감옥살이를 하다가 어쩌다 가족이 한 자리에 모이게 되면 맥주 안주로 땅콩과 함께 나란히 나들이를 하기도 하고, 아니면 여행길에 심심풀이로도 가끔 먹는다. 오늘도 옛날을 생각하며 오징어 한 마리를 죽 찢어서 오징어입부터 내 입에 넣고 잘근잘근 씹어본다. 그때 그 맛보다는 못하지만 그래도 워낙 좋아하는 지라 별 차이는 없다.

결혼해서 안성에 살고 계시는 시댁에 다니러 갔었다. 아버님 어머님은 버스정류장 앞에서 자그마한 슈퍼를 운영하시고 계셨는데 오징어, 아이스크림, 과일 채소 등 없는 것 없이 손님이 찾는 물건은 다 있었다. 한마디로 말하면 만물상회라고 하겠다. 특히 육식과 밥을 좋아하는 나는 간식은 별로 좋아하지 않았다. 식사 시간이 되면 오직 밥과 찌개면 충분했다. 여름이 다 가도록 냉면 한 그릇, 아이스크림 하나 먹으려 하지 않았고 탄산음료는 더더욱 먹지 않았다. 과일은 수박이나 겨우 조금 먹을까. 그런데 오징어는 킬러다.

오징어에는 쇠고기의 16배, 우유의 47배나 되는 우수한 타우린과 고단백질이 들어있어 뇌세포 형성에 도움을 주며 혈액순환을 원활하게 해준다고 한다. 또한 오징어에 들어있는 타우린은 피로 회복용 드링크에 많이 첨가된 아미노산의 일종으로 피로 회복 효과가 크고 체내의 콜레스테롤 흡수를 저해하고 감소시키는 역할을 한다고 한다. 또한 당뇨병, 성인병, 심장병 예방에도 좋고 피로 회복, 혈압 조절, 치매 예방, 기억력 향상, 소화기 질환에도 좋다고 한다.

어머님은 둘째 며느리가 내려왔으니 뭐든 주고 싶은 마음에 가끔 아이스크림을 들고 오셔서

"아가, 이거 먹어라!"

"어머니 저는 아이스크림은 좋아하지 않아요."

하면 멋쩍어 하시면서 다시 통에 넣으셨다. 한참 일하시다가 그래도 또 며느리가 심심해 보이는지 과일을 몇 개 들고 오셔서

"그럼 과일 먹을래?"

하셨다. 역시 똑같이 과일도 싫어한다고 하면

"너는 어째 군것질 할 줄을 모르니."

하면서 돌아서신다. 마음속으로는 '저 오징어 한 마리만 주세요. 저는 오징어를 무척 좋아해요.' 라고 말하고 싶은데 그 한 마디를 입 밖으로 내뱉지를 못하고 침만 꼴깍 삼켰다.

밤이 되자 초저녁잠이 많으신 부모님은 나에게 잠깐 가게 좀 봐라 하시고 방에 들어가셔서 금방 코를 골고 주무신다. 서울과 달라서 시골에는 밤이면 사람이 거의 없었다. 빈 가게를 왔다갔다 하다보면 나 역시 천근 된 눈꺼풀이 내려왔다. 잠을 쫓으려고 작은 눈을 치켜떠 보지만 소용이 없다. 두리번두리번 하다가 오징어에 눈과 발길이 멈추었다.

'이놈의 오징어 한 마리를 쭉 찢어먹어? 아니 참아야 돼. 여기는 우리 집이 아니고 시댁이야' 혼자 중얼거리며 마음을 달랬다. 하지만 자꾸 오징어가 눈앞에서 아른거린다. 참다못해 오징어입만 하나 뚝 따서 입에 쏙 넣고 오물오물 씹는다. 그런데 워낙 오징어를 좋아하는 지라 순식간에 삼켜버리고 눈은 다시 수북이 쌓인 오징어한테 가 있다. 다시 하나를 뚝 따서 입에 넣고 씹는다. 그렇게 2~3일 밤을 지나고 보니 오징어가 입을 달고 있는 놈은 한 마리도 없게 해놓고 서울로 향했다. 마음은 개운치가 않았다. 하지만 오징어입을 내가 모두 따먹었다고 말씀드릴 용기가 나지 않았다.

그때만 해도 시집이란 왜 그렇게 어려운지, 행여 내가 잘못하여 그 욕

이 내 부모 형제에게 누가 될까봐, 아니 버릇없이 자랐다고 할까 봐서 아무리 힘들어도 참고 또 참고 살았다. 그래서 그토록 먹고 싶은 오징어 한 마리도 달라는 말 한마디 못하고 입만 따먹었다. 내가 시어머니가 되고 보니 며느리가 먹고 싶다면 그저 즐거워서, 힘이 들어도 해주고 싶은 마음인데 우리 어머님도 내가 "어머니 오징어 한 마리만 주세요." 했으면 환한 얼굴로 얼른 갖다 주셨을 텐데!

오늘은 어머님 기일이다. 며느리가 둘이었지만 평생을 며느리에게 싫은 말 한마디도 없으셨던 어머니. 언제나 며느리 자랑만 하셨던 분인데 지병으로 돌아가신지 벌써 15년이 되었다. 이제라도 그때 그 오징어 입이 없어진 이유를 말씀드리고 사죄해야겠다. 법정 시효도 지났으니 용서하시라고 ⋯.

이런 이웃사촌 보셨나요

무더위가 계속 되고 있다. 지구 온난화 때문인지 무더위의 세력은 이마에 땀방울도 모자라 옷을 모두 적시고서야 해가 저문다.

집에 개가 있다는 생각에 오늘도 앞 유리문을 열고 잠이 들었다. 더위에 뒤척이다 까무룩 잠이 들었는데 갑자기 "도둑이야! 도둑이야!" 하는 다급한 소리가 났다 .남편은 골프채를 들고 이층으로 뛰고 나는 놀라서 아무 생각도 없이 따라서 뛰었다. 딸이 위험에 처해 있다는 생각밖에는

"경희야, 경희야 왜 그래?"

다급하게 이층으로 오르는 순간 계단에서 도둑과 마주쳤다. 도둑은 나를 옆으로 밀치고 미리 열어놨던 창문으로 순식간에 바람처럼 사라졌다. 놀란 딸이 창백한 얼굴로 헐레벌떡 뛰어 내려오더니 쓰러졌다. 나는 급하게 딸을 껴안으며

"괜찮아, 괜찮지?"

했더니 '응' 하는데 나도 모르게

"도둑도 고맙다."

했더니

"엄마는 지금 그 말이 나와? 내가 얼마나 놀랐는데."

한다. 하지만

"급한 김에 찌르고라도 갔으면 어떻게 할 뻔했어. 요즘 도둑은 자기 흔적을 감추려고 해꼬지를 한다는데 그냥 갔으니 얼마나 다행이니?"

정신을 차리고 살펴보니 안방에 들어와서 내 가방에 있는 현금과 남편지갑 그리고 주방을 샅샅이 뒤졌는지 다음날 쓸 일이 있어 전날 은행에서 찾아 두었던 수표, 그것도 모자라 이층에 올라가서 딸 가방에서 지갑까지 통째로 쓸어갔다. 마침 딸은 프랑스로 유학을 갔다 온지가 얼마 되지 않아 시차 때문에 깊은 잠이 들지 않았는데, 아래층에서 사람이 다니는 기척을 들었는데도 초저녁잠이 많은 아빠가 2~3시면 일어나서 왔다갔다 하며 텔레비전도 보고 하기 때문에 그날도 아빠가 돌아다니시나 보다 생각했다고 했다. 도둑과 마주쳤지만 도둑은 얼굴을 감추기 위해 모자를 푹~ 눌러쓰고 얼굴은 가리고 눈만 보여서 누군지는 모르겠다고 했다. 그러면서 딸은 그 경황 중에도 빨리 신고를 하란다. 하지만 나는 신고하기가 꺼려졌다.

얼마 전에 친구가 한 말이 생각이 나서다. 그 친구와 가까운 지인의 집에 도둑이 들어 왔는데 얼굴을 알아 볼 수 없이 복면을 하고 들어와서 주인을 꼼짝도 못하게 묶어놓고 현금과 패물을 모두 훔쳐갔는데 다음날 신고를 해서 도둑을 잡고 보니 이웃집 사람이었다는 이야기를 들었다. 담장 너머로 늘 안부를 묻고 얼굴을 마주하고 지내던 사람이 우리 집에

든 도둑이라면 앞으로는 어떻게 지내야 하며 무슨 생각이 들까?

우리 집은 조그마한 단독주택이다. 담장도 사람 키를 넘지 못해서 몇 년 전에 언니네 과수원에서 대봉 감나무 두 그루를 얻어 심었더니 계절마다 우리 가족에게 새로운 즐거움을 주었다. 거기에다 고향 친구가 강아지 한 마리를 주면서 머리가 영리한 일본 토종이라 영특해서 집을 잘 지킬 거라고 했다. 나는 개를 좋아하지는 않았지만 키우다보니 정이 들었고 2년이 지나면서부터는 강아지가 자기 몫을 톡톡히 했다.

그러던 어느 날 뜻하지 않던 일이 일어났다. 그날은 벌초를 하기 위해 어머님 아버님 산소에 가서 열심히 일을 하고 있는데 옆집 아저씨한테서 전화가 왔다. 산속이라 전화소리는 잘 들리지 않고 자꾸만 끊어져서 '상대방은 들리겠지' 하는 마음에 '집에 가서 이야기해요' 하고 전화를 끊었다. 벌초를 마치고 저녁에야 집으로 왔는데 차 소리만 듣고도 반가워 컹컹대던 개가 짖지를 않았다.

이상한 생각이 스쳐서 급하게 대문을 들어서니 우리집 개는 보이지 않고 난데없는 강아지 한 마리가 있었다. 순간 옆집 아저씨가 전화했던 생각이 나서 뛰어가서 무슨 일로 전화했느냐고 했더니 예쁜 강아지 한 마리 갖다 놓고 우리 개를 가져갔단다. 너무 황당해서 말이 나오질 않았다. 그것도 그날이 복날이어서 자기 친목 계원에게 주었다고 했다.

있을 수가 없는 일이었다. 사람이 모자라지 않고서야 어떻게 이럴 수가! 나는 발을 동동 구르며 개를 빨리 찾으러 가자하니 양평으로 갔는데 어느 곳으로 갔는지 모른단다. 나는 빨리 앞장서라며 소리를 질렀다. 아저씨 같으면 잡아먹으라고 당신이 키우던 개를 내 주겠느냐며 야단을 하니 그 아내는 머리를 조아리며 자기 남편이 가끔 엉뚱한 짓을 해서 속상하다며 연신 미안하다는 말만 되풀이 했다.

가슴이 찢어지는 것 같았다. 우리집 개가 얼마나 울면서 끌려갔을까, 아니 주인을 얼마나 애타게 부르며 끌려갔을까, 얼마나 무서웠을까? 생각할수록 옆집 아저씨가 미웠고 끊임없이 눈물이 흘렀다. 밤이 되어 식구들이 들어왔는데 개 짖는 소리도 안 들리고 엄마 눈은 퉁퉁 부어 있으니 집에 무슨 일 있느냐며 또 개는 어디 갔느냐고 묻는다. 그래서 낮에 일어난 이야기를 했더니

"그 아저씨 조금 이상한 사람 아니에요? 남의 개를 말도 없이."

그래도 남편은 말이 없다. 너무나 어처구니가 없나보다. 남들은 당장 경찰서에 신고를 하란다. 죄도 무거운 죄란다. 남의 집 잠긴 대문을 열고 들어와 매어있는 개를 풀어 가져가 보신탕 감으로 주었다는 것은 주거침입과 절도에 해당하는 무거운 죄란다. 하지만 이웃집인데다가 두 아이의 아빠인데 거기다 한 아이는 지체장애자였다. 만약 내가 신고를 한다면 죄값이야 치르겠지만 그 집 식구들은 어찌 살 것이며, 그런다고 죽은 개가 돌아 올 수는 없는 일이 아닌가. 마음이 내키지 않았다.

사람이 좋은 일 하며 살아가기도 힘들지만 잘잘못을 따지며 사는 것도 쉽지가 않다는 것을 배웠다. 그 일로 인해서 나는 얼마나 많은 눈물을 흘렸는지 모른다. 내가 강아지를 아주 많이 좋아하지는 않아 요즘 젊은 애들이 애완견 다루는 것처럼은 안 했지만 남편이 밤낚시를 가느라 집이 빌 때면 개를 풀어놓고 대화를 하기도 했다. '널 이렇게 좁은 공간에 메어두어서 미안하다' 고. 그러면 마치 알아듣기라도 하는 듯이 고개를 갸우뚱거리던 개였다. 남편이 낚시가고 무서웠던 밤들도 그 개가 있어 얼마나 든든했던가.

괘씸하고 미운 걸 생각하면, 아니 개를 생각하면 당장 신고해서 벌을

받게 하고 싶었지만 자꾸만 그 집 둘째 아이의 모습이 눈에 아른거렸다. 아침이면 걷지도 못하는 아이를 아빠가 출근하면서 정립회관에 맡겼다가 퇴근길에 데리고 오는 모습을 자주 보면서, '저 부모 마음은 어떨까!' 하며 안쓰러워했기 때문이다. 이런 마음에 차일피일 미루다 결국은 신고는 안하기로 했다. 그런데 정립회관이 옆에 있어 아이에게 도움이 되고 공기도 좋아 이사도 못 간다하던 사람이 그 뒤 3년이 지난 어느 날 이사를 가고 보이지 않았다. 들리는 소문에는 하던 사업이 부도가 나서 먼 시골로 갔다는데….

그 아이는 지금 어떻게 지내고 있을까?

고양이 울음소리

오늘은 금요일, 큰아들네가 오는 날이다. 토요일은 유치원이 쉬기 때문에 손자들이 우리 집으로 온다. 언제나 금요일이면 왁자지껄 사람 사는 냄새가 난다. 나는 쉴새없이 고기와 생선, 나물까지 모든 반찬을 준비한다. 때론 힘이 들다가도 애들이 맛있게 먹는 모습을 생각하면 언제 힘들었냐는 듯이 힘이 난다.

저녁식사 후 쉬고 있는데 어디선가 고양이 우는 소리가 났다. 고양이 우는 소리는 아기 울음소리와 비슷하다. 그 소리를 듣는 순간 옛날이 생각났다.

"아들, 옛날에 우리 집 고양이 죽던 날 생각나니?"

했더니,

"전설 같은 이야기요?"

"기억나니?"

"물론 알고 있지요. 하지만 전설 같은 이야기라서 남들에게 얘기도 한 번 못 했어요. 믿어주지 않을 것 같아서요."

아들은 고양이가 죽어서 갖다버린 장소도, 그 고양이를 다시 찾아서 묻어준 것까지도 모두 기억하고 있었다.

1978년 어느 겨울날, 큰올케가 서울 구경을 오셨기에 나도 두 아들 손을 잡고 막내 오빠 집에 놀러갔었다. 밤이 되어 집으로 오는 길에 부근에 살고 있는 당숙 집에 인사차 들렀다. 그 집에는 때마침 고양이가 새끼를 낳아 어미와 함께 마루에서 놀고 있었다. 당숙이 고양이를 좋아해서 키운다고 했다. 유난히 곤충이나 동물을 좋아했던 아들이 고양이 한 마리만 가져다 키우자며 졸랐다. 아들과는 정반대로 동물을 좋아하지 않는 나였지만 자식 이기는 부모 없다고 고양이 한 마리를 안고 집으로 오면서도 두려웠다. 그때는 지하철에 동물을 안고 탈 수가 없어서 몰래 타야만 했다. 나는 고양이를 안고 지하철을 탈 용기가 없었다. 고양이를 다시 두고 가자고 아들과 말씨름하는 나를 본 올케가 고양이를 달라고 하더니 가방에 넣고 태연스럽게 개찰구를 통과했다. 무사히 목적지에 도착했으나 내 가슴은 또 뛰기 시작했다. 그런데 올케는 여전히 태연하게 개찰구를 빠져 나갔다. 나는 뒤에서 "아줌마!" 하고 부를 것만 같아서 뒤도 못 돌아보고 아이들 손만 꼭 쥐고 나와서야 한숨을 길게 쉬고 집으로 왔다.

그날부터 우리는 다섯 식구가 되었다. 짐승도 키우다 보니 정이 들었다. 우리 가족은 새 식구와 함께 봄여름 가을을 보내고 겨울이 왔다. 연탄을 땔감으로 사용했던 그 시절, 고양이는 언제나 따뜻한 부뚜막을 좋아했고 밤이면 잠도 부뚜막에서 잤다. 애들은 고양이를 방에서 키우자고 졸랐지만 거절했다.

고양이는 토실토실 예쁘게 자랐다. 옆집 아주머니가 고양이가 예쁘다며 자기 동생도 고양이를 키우고 있는데 한번 데리고 오겠다고 했다. 아무런 생각 없이 그러시라 했다. 어느 날 아주머니는 정말로 고양이를 데리고 왔다. 혼자 놀던 고양이는 이틀이나 친구와 잘 놀았다. 그 후 아주머니는 고양이를 다시 동생 집으로 데려고 갔다. 그런데 밤이 되자 고양이가 밥도 안 먹고 앞뒤는 물론 위 아래층을 헤매며 울고 다녔다. 그 소리는 밤의 정적을 깨우다 못해 시끄러워서 남들에게 미안하면서도 한편으론 고양이가 불쌍했다. 얼마나 친구가 그리우면 저토록 울고 다닐까?

다음날, 아침이면 문 여는 소리에 뛰어나오던 고양이가 보이지 않아 부엌으로 가보니 부뚜막 위에 쓰러져 떨고 있었다. 나는 추워서 떠는 것 같아 얼른 수건으로 덮어주고 나왔다. 가끔씩 연탄집게 부딪치는 소리가 달그락거리며 고양이의 아픔을 알려주었다. 남편과 애들도 모두 나가고 혼자 있는데 윗집 아주머니가 놀러왔다.

"고양이가 밤새 울고 다녀서 시끄러워 아주머니가 때렸지요?"

하고 미안한 마음에 농담을 하며 차를 마시다가 얘들 올 시간이 되어 부엌으로 들어갔다. 그런데! 고양이는 눈을 뜬 채 죽어 있었다. 나는 아악– 소리를 지르며 옆집으로 뛰어가,

"아주머니, 우리 고양이가 죽었어요. 누가 좀 치워 주세요."

했더니 마침 그 집 손님이 죽은 고양이를 확인하고 빈 쌀자루에 담아 꼭꼭 묶어 쓰레기통에 넣었다.

남편은 밤늦게 들어왔다. 겁에 질린 나는 고양이가 죽어서 쓰레기통에 있으니 빨리 갖다 버리라고 했다. 그때는 쓰레기를 넓은 곳에 모았다

가 함께 치웠다. 남편은 죽은 고양이를 열두 시가 다 되어 쓰레기장에 갖다 버렸고 우리는 다시는 짐승을 키우지 말자고 다짐했다.

그날 밤, 온 식구가 깊은 잠에 빠져있는데 난데없는 고양이 울음소리가 들렸다. 정신이 번쩍 났다. 우는 소리는 한 번도 아니고 계속 되었고, 심지어는 낮에 부뚜막에서 괴로워하며 연탄집게를 부딪치던 소리까지 그대로 났다. 겁에 질린 나는 온몸을 웅크리고 떨면서도 출근할 남편이 깰까봐 숨을 죽이고 있었는데 남편이

"당신, 고양이 죽지 않았는데 갖다 버렸어?."

"아니야, 자기가 갖다 버렸잖아!"

"아마 고양이가 살아온 것 같으니 이제 미워하지 말고 잘 키워."

"싫어. 살아왔어도 나는 무서워서 이제는 못 키워!"

우리는 죽어서 갖다버린 그 고양이의 울음소리로 알고 온 식구가 무서움에 떨면서 밤을 보냈다. 그런데 그렇게 울던 고양이는 새벽을 알리는 교회 종소리와 함께 사라졌다. 아침이 되자 나는 옆집 아주머니에게 달려가 그 집 고양이가 우리 집에 와서 밤새 울었냐고 물었다. 그러나 그 고양이는 버스를 타고 신설동 동생 집에 갖다 주었다 하길래 나는 간밤에 있었던 이야기를 했다. 아주머니는 고양이는 영물이라 죽으면 묻어줘야 한다고 해서 남편은 이미 쓰레기장에 버린 죽은 고양이를 확인하러 갔다 오더니 죽은 고양이는 자루에 묶인 채 그대로 있더라고 했다. 겁에 질린 나는 아주머니 말대로 남편에게 고양이를 산에다 묻어주자고 했다. 그 뒤 거짓말처럼 고양이 울음소리는 들리지 않았다.

나 혼자 겪은 일이라면 거짓말이라 하겠지만, 어른은 물론 아들까지도 뚜렷이 기억하고 있는 사실을 어떻게 설명해야 할지. 전설의 고향에서나 볼 수 있는 이 일은 아직도 영원히 풀 수 없는 수수께끼 같은 이야기다.

지난 봄 길고양이가 우리집 이층 베란다 양지쪽에 와서 새끼를 낳았다. 그러나 초여름이 되자 시원한 곳을 찾아 고양이 가족은 이사를 했다. 긴 여름 찜통더위를 견디기 힘들다는 것을 알고 가버린 것 같다. 그런데 요즈음 또 다른 고양이가 친구를 찾는지 애절하게 울면서 우리 집 앞뒤를 쏘다닌다. 그 울음소리를 들을 때면 지금도 그날처럼 내 머리카락이 쭈뼛-하고 솟아오른다.

술이 사람을 마셨군요

술이란 적당히 마시면 사람의 마음을 부드럽고 넉넉하게 해주는 음식이다. 하지만 절제를 못하고 마시다보면, 거꾸로 술이 사람을 마시게 된다. 결국 사람을 마셔버린 술은 요술쟁이로 변해 사람의 정신을 혼미하게 만든다. 요술쟁이로 변한 술은 그 사람의 의지와는 상관없이 이리저리 끌고 다니면서 때론 영원히 지울 수 없는 추한 꼴을 남겨 놓기도 한다.

어느 해 겨울, 한 해를 보내는 아쉬움에 송년회란 명목으로 남편 친구들과 부부동반으로 세모유람선에서 모임을 가졌다. 물 위에 떠있는 유람선의 불빛은 휘황찬란했고 그 불빛에 반사된 물결은 금가루라도 뿌려놓은 듯 아름다웠다. 잔잔한 물결은 바라보는 것만으로도 눈이 부셨고 마음 또한 들뜨게 했다. 저녁식사는 뷔페였다. 양식으로 준비된 뷔페는 랍스타를 중심으로 고급스럽고 깔끔하게 준비되어 있었다. 유람선은 잠실을 출발해서 마포대교를 돌아오는 두 시간 코스였다. 뱃고동이 울리면서 미끄러지듯이 물길을 가르며 서서히 떠났다.

우리들은 식사를 천천히 하면서 야경을 감상했다. 강남과 강북을 이어주는 다리의 불빛과 화려한 유람선이 함께 어우러져, 술을 마시지 않아도 모두를 취하게 했다. 사람들은 술과 분위기에 취했는지 얼굴빛이 한층 더 불그레하게 생기가 돌았다. 식사가 거의 끝날 무렵 누군가의 권유에 와인 한 잔을 마셨다. 술을 못하는 나는 술과 분위기에 취해 남편이 이끄는 대로 용감하게 무대에까지 올라갔다. 이미 무대에는 다른 부부들과 함께 외국인들도 춤을 추고 있었다. 그러나 술은 물론 춤도 나에게는 먼 나라 이야기라 창피해서 이내 내려왔고 그 뒤 술은 또다시 나와는 작별인사를 했다.

어느 해 여름부터 초등학교 동창모임을 구성해서 우리는 두 달에 한 번씩 만났다. 사십이 훌쩍 넘어 오십을 바라보는 우리들은 처음에는 모두가 서먹서먹했다. 어디에서 어떻게 살았는지 알 수는 없지만 그동안 살아온 흔적들은 그네들의 얼굴에 언뜻언뜻 비쳐있었다. 그러다가 술을 한 잔 두 잔 마시게 되니 서먹했던 분위기는 어느덧 사라지고 세월을 되돌려 교실도 없이 맨땅에 가마니를 깔고 앉아 공부하던 옛 초등학생으로 돌아가 얘기꽃을 피우게 되었다. 하지만 술은커녕 사람도 쉽게 사귀지 못하는 내가 네모난 상자처럼 딱딱하고 모가 나 보였는지, 한 친구가 큰소리로

"안덕아, 이제는 나사 하나쯤 빠진 것처럼 살아도 될 나이가 되지 않았니?"

했다. 그리고 난 뒤 제일 약하다는 '매취 순' 이란 술을 시키더니 한 잔 따라주었다. 술과의 인연을, 나는 그렇게 가랑비에 옷이 젖어들듯 서서히 맺게 되었다.

그 뒤 쉰 살이 되면서 남편은 건강을 이유로 술을 끊어야했고, 나는 그때부터 아예 남편에게 술은 이제 내가 마신다고 큰소리쳤다. 말이 씨가 된다고, 나는 그 후로부터 야금야금 술을 제법 마시게 되었다. 그러나 적당히만 마신다면 서먹했던 분위기에 윤활유 역할을 해주는 것 같아서 좋을 때가 많았다.

이십칠 년 전 어느 날 밤을 나는 잊을 수가 없다. 사업을 하던 남편은 그날도 밤늦게야 들어왔고, 그 뒤를 따라 들어온 남자는 아예 술병 하나를 손에 들고 왔다. 그 사람은 이미 상상을 초월할 만큼 술이 취해 있었지만 남자는 인사를 꾸벅하더니 안주는 필요 없고 술잔 두 개만 달라고 했다. 시간은 자정으로 가는데 이렇게 상식 없이 남의 집에를 찾아왔나, 생각하면서도 남편 체면 때문에 꾹 참고 간단한 안주와 술잔을 내 놓았다. 그런데 술잔이 작다며 큰 유리잔을 달라고 하더니 두 잔에 술을 나눠 부어 한 잔은 남편 앞에 밀어놓았다. 나머지 한 잔은 본인이 물마시듯이 꿀꺽꿀꺽 마시고는 그대로 식탁에 고개를 푹 떨어뜨리더니 잠이 들었다.

그토록 많이 취한 사람을 가자한다고 그 밤에 집에까지 데리고 온 남편이 더 미웠다. 할 수 없이 그 집으로 전화를 했다. 모셔 가라고, 그런데 돌아온 대답이 더 어이가 없었다.

"알아서 가게 내버려 두세요."

아니 술이 취해 남의 집에서 잠이 들었다면 열일을 제쳐두고 모셔가야 할 텐데 알아서 가게 하라니. 술 때문에 얼마나 속을 썩였으면 그럴까, 생각하면서도 한편으론 이해가 가지 않았다. 할 수 없이 남편이 함께 자겠다고 했다.

남의 집이라 행여 실수할까봐 마루에 불도 켜놓고 나는 딸 방에서 신경을 곤두세우고 있다가 막 잠이 드려는 순간, 문 여는 소리에 벌떡 일어났다. 예상대로 그 사람은 화장실을 잘못 찾은 것이었다. 뛰어가 화장실 문을 열어주고 남편을 깨웠다. 남편이 마루에서 한참을 기다려도 그 사람은 나오지 않았다. 살며시 문을 열어보니 변기에 앉은 채 잠이 들어 한밤중이었다. 남편은 그를 흔들어 깨워 방으로 들어가자 하니 알았다며 나가라고만 했다.

잠시 후 와장창- 소리와 함께 풍덩 소리가 났고 그 소리에 나는 화들짝 놀라 다시 뛰어 나왔다. 남편이 화장실 문을 열었을 때는 그 사람은 이미 욕조 물에 빠져서 게처럼 벌렁 누워 고개만 들고 있었다. 내 가슴은 두방망이질을 했다. 혹시 다치지나 않았을까, 그런데 아무 일도 없었다는 듯이 그 사람은 방으로 들어가 다시 잠이 들었다. 어이가 없고 밉기도 했지만 한편으론 다치지 않은 것이 고마워 일찍 일어나 술국을 끓이는데, 미안해서인지 아니면 아직도 술의 요술에 홀려 아무것도 모르는지, 그 사람은 들려준 옷 봉지만 옆구리에 끼고 뒤를 돌아보며 슬슬 걸어 나갔다.

무엇이든 넘치는 것보다 약간 모자란 것이 더 귀하고 소중하듯, 술도 모자란 듯 마신다면 점점 삭막해져 가는 우리의 삶에 윤활유가 되지 않을까 생각해 본다.

가슴을 찍어내는 할머니

속이 쓰리고 아프다. 또 위를 혹사 시켰나보다. 그렇다고 나는 술을 많이 마시지도 못하는데 성격에 문제가 있는 걸까? 의사는 스트레스를 받지 말라고 한다. 하지만 사람이 살다보면 어찌 좋은 일만 있겠는가, 그래도 모두를 위해서 웬만하면 내가 참고 사는 편이다. 그렇게 살다보니 위경련도 연중행사처럼 찾아와 나를 힘들게 한다.

내게 처음으로 위경련이 일어난 때는 새벽이었다. 처음에는 저녁밥을 많이 먹어 체했나 싶게 배가 살살 아프더니 얼마간 시간이 지나자 마치 꼬챙이로 창자를 후벼 파는 듯한 통증이 온몸을 덮쳤다. 이윽고 방바닥과 천장이 함께 돌면서 이마에선 끈적끈적한 진땀이 흘러내렸다. 내가 온 방을 기어다니며 고통스러워하자 남편은 당황해서 한밤중에 병원과 약국 문을 두드리며 발을 동동 굴렀다. 하지만 지금은 가끔씩 찾아오는

이 놈을 나 스스로 달래고 치유하는데 조금 익숙해졌다. 통증이 찾아오기 시작하면 약보다는 시금치 된장국을 후딱 끓여 국물을 천천히 마시며 속을 달래준다. 지금 내 위는 그렇게 길들여져 있는 것 같기도 하다.

아직은 꽃샘추위라 날이 차가워 따끈한 국물을 끓이기 위해 시장 마트에서 시금치 한 단을 샀다. 삼천 원. 물가가 하늘 높은 줄 모르고 춤을 춘다. 날씨가 추워서인지 돈에 비해 나물 봉지가 가볍다. 하기야 이 추위에 사람도 웅크리고 살고 있는데 나물 값이야 오죽 하겠는가. 그래도 약이라 생각하니 비싼 것도 아니라는 생각이 들었다.

6년 전 쯤이던가, 삼월 중순의 어느 날 창밖의 햇살이 유리창에 내리꽂혔다. 햇볕은 따뜻한 봄의 향기를 풍겨와 내 마음을 설레게 했다. 작은 봉지와 과도를 챙겨들고 옆집 부부와 그리멀지 않은 교외로 봄 마중을 나갔다. 하지만 이곳저곳 들판을 헤매며 봄을 찾아보았지만 어느 곳에도 봄은 보이지 않았다. 햇볕에 속아 봄을 찾아 헤매던 우리들은 배가 고파서 시계를 보니 점심시간이 훌쩍 지나 있었다. 국도변에 있는 식당 몇 집을 기웃거리다가 우리는 숯불 삼겹살집을 선택했다. 식당으로 들어가면서 다른 사람들이 식사하는 모습을 살금살금 훔쳐보면서 자리를 잡았다. 보기만 해도 군침이 돌았다. 처음 고기를 시키면 기본 음식이 나오고 이후 고기를 제외 한 모든 야채와 반찬은 마음껏 갖다 먹을 수 있는 셀프 식당이었다.

우리는 한나절을 봄을 찾아 헤맸지만 정작 봄은 이집 소쿠리에 담겨 있었다. 숯불 위에서 자글자글 알맞게 익은 삼겹살을 미나리와 함께 싸서 서로가 눈을 부릅뜨고 먹는 맛은 둘이 먹다 하나가 죽어도 모를 정도로 맛이 있었다. 하기야 봄을 찾아 몇 시간을 헤매었으니 밥맛이 꿀맛보다 더 좋을 수밖에. 우리가 들고 온 봄나물 봉지는 비었지만 음식점 야채 소쿠리의 향기로운 미나리 향이 봄을 대신해 주었다.

밥을 배불리 먹고 나자 몸이 나른해 지면서 식곤증이 몰려왔다. 일행은 졸린데 나물은 무슨 나물이냐며 그냥 집으로 돌아가자고 했다. 그러나 들판을 지나는데 따스한 태양은 다시 우리를 유혹했다. 차를 세우고 밭두렁을 살펴보니 밭둑에는 겨울잠에서 막 깨어난 냉이가 파르르 눈을 비비고 세상구경을 하고 있었다. 막상 뜯으려니 미안하기도 했다. 하지만 미안한 마음도 뒤로한 채 냉이를 한줌씩 뜯고 있는데 저 멀리서 할머니가 소리를 지르며 뛰는 듯 걷는 듯 끼뚱거리며 달려오셨다.

"아 거기서 뭣들 하는 겨?"

"네. 냉이를 캐는데 저희가 잘못 했나요?"

"그럼 크게 잘못했지. 남의 밭두렁에 난 냉이를 캤으니."

"할머니, 죄송해요."

하고 돌아서는데,

"순진하기도 하지, 저기 비닐하우스 안에 들어가면 시금치 자투리가 많이 있으니 그거나 마음껏 뜯어가시오."

"남의 하우스 안에 있는 것을 어떻게 뜯어가요?"

할머니는 당신 것인데 좋은 것은 다 뽑아 팔고 남은 자투리인데 내일이면 고추 모종을 심기 위해 땅을 갈아엎는다며 아직 먹을 만하니까 많이 뜯어가라고 했다. 그리고는 종종걸음으로 집으로 가시더니 잠시 후 헌 봉지 몇 개를 들고 오셨다. 많이 뜯어다 이웃집도 나눠주라고 하시며 아직은 나물도 하고 된장국도 끓이면 달큼하고 맛있다고 하셨다.

한참을 쭈그리고 앉아서 캐고 있는데 어두워지기 전에 빨리 가자고 남편이 재촉했다. 하지만 여자 마음은 어디 그런가? 흩어져 있는 시금치가 모두 돈으로 보였다. 한 움큼이라도 더해서 나눠주고 싶은 마음에 남편의 재촉도 못 들은 척 욕심껏 시금치를 뜯어 두 봉지에 꾹꾹 눌러 담았다. 오는 길에 그래도 고맙다는 인사는 해야겠기에 주스병을 들고 멀리 보이는 할머니 집으로 찾아 갔다. 할머니는 아직 손에 잡히지도 않은 풀을 호미로 뽑고 있었다. 아니 풀을 뽑는 것이 아니고 땅을 내려찍고 있는 것처럼 보였다. 호미 끝에 돌 부딪치는 소리가 딱딱 울려 퍼졌다. 아직은 추운 날씨인데도 힘이 드시는지 할머니 이마에는 땀이 흘러내리고 있었다.

"할머니 쉬어가며 하시지 왜 땀을 흘리시며 그렇게 땅을 파세요?"

할머니는 손에 든 호미를 땅에 놓으시며 한숨을 쉬었다.

"내가 이렇게라도 하지 않으면 가슴 속에서 천불이 나서 잠도 안 와. 눈만 뜨면 이렇게 땅이라도 파야 사니께."

몇 년 전만해도 할머니의 집은 할아버지, 아들, 며느리와 농사를 지으며 행복하게 살았다. 그러던 어느 날 교통사고로 아들이 병원에 입원하면서 할머니의 집에 불행이 시작되었다. 엎친 데 덮친다고 사고 차량은 뺑소니를 쳐버려 찾지도 못했다. 할머니 아들은 긴 투병 생활을 했지만 결국 식물인간이 되었다. 많은 치료비를 감당할 수 없었던 가족은 아들을 퇴원시켰고 지금은 집에 있다고 했다. 그 이후 할머니는 눈만 뜨면 미친 사람처럼 무엇이든 호미로 찍는다고 했다. 할머니는 그렇게라도 하지 않으면 미칠 것 같다고 했다. 내가 본 할머니는 가슴을 찍어 내시듯 땅을 찍으며 그 속에 가슴의 한을 묻는 것처럼 보였다. 교통사고를 내고 달아난 뺑소니 차량은 행복했던 할머니의 가정에 폭탄을 던지고 사라져 버렸고 단란했던 가정은 풍비박산이 나 버렸다. 한 사람의 행위가 한 가족의 행복을 이토록 무참히 짓밟아버리다니…. 우리는 겨우 음료수 몇 병을 안겨드리고 무거운 마음으로 서울로 돌아왔다.

무심한 세월은 말없이 흘러 몇 번의 봄이 지나갔다. 가슴을 찍어내던 할머니의 아픈 상처도 이제는 세월의 두께로 지워졌는지. 말이 없는 세월은 그 후로도 혹독한 겨울을 세 번이나 흘렀다. 지금쯤 그 할머니는 어떻게 지내시는지….

손에 든 시금치 봉지에 할머니의 따스함과 아픔이 묻어 있는 것 같아 검은 봉지를 다시 한 번 열어본다.

홍시

높은 가지에서 홍시들이 추위에 오들오들 떨고 있다. 겨울이면 먹을 것이 모자란 새들을 생각해서 남겨놓은 홍시다. '까치밥' 이라고 예부터 내려온 풍습으로 어른들이 가을이면 으레 감나무 끝에 홍시 몇 개씩을 남겨놓는 것을 보아온 것이 나에게도 습관이 되었다.

나는 우리집 좁은 마당에 감나무 두 그루를 심었다. 봄여름에는 잎이 우거져 숲을 이룬다. 덕분에 까치와 직박구리는 물론 이름 모를 작은 새들까지도 찾아와 지저귀며 놀다간다. 주말이면 손자들도 나무 밑에 돗자리를 깔고 덩달아 즐거워한다. 수확의 계절 가을이면 새들도 한 가족인 듯 한몫 차지한다. 올해는 유난히 일조량이 좋아 감이 많이 열렸다.

남들은 감을 위에서부터 따는데 우리는 아래서부터 따기 시작한다. 먼저 딴 감은 이웃에게 나누어 주고 중간 가지에서 딴 감은 아들딸에게 준다. 그리고 맨 위에 있는 감은 새들과 내 몫으로 겨우내 나무에 그대로 남겨 둔다. 먹는 즐거움보다 바라보는 즐거움을 더 좋아하기 때문이다. 외출하고 집에 들어설 때도 나는 감나무를 먼저 쳐다본다. 높이 달려있는 감은 크고 예쁘기도 하지만 주말이면 손자들이 긴 장대로 감을 따느라 웃음소리가 담을 넘는다.

나무에 매달린 감은 까치와 직박구리 몫도 있지만 주인인 내 몫이 더 많아야 옳을 것이다. 그런데 그들도 맛을 아는지 옆집 감은 무수히 달려 있지만 우리 감을 나보다 더 많이 먹어 치우고 완전히 없어진 다음에야 옆집 감을 먹는다.

오늘은 아침 일찍부터 홍시를 먹으려는지 까치와 직박구리가 서로 자기들의 밥이라며 까악까악 나의 단잠을 깨운다. 나는 몰래 그들의 싸움을 구경하는데 갑자기 얼굴도 가물가물 기억도 흐릿한 그녀가 홍시에 겹쳐 흔들린다. 나와 동갑이었던 그녀는 가끔씩 나에게 삶의 어려움을 하소연 하곤 했다. 그때만 해도 그녀와 나는 새내기 주부였다.

1975년 겨울, 그녀의 남편은 두 돌이 지난 아이의 아빠였다. 그는 대학 시절 연애로 그녀를 만났다. 완고한 집에서 태어난 그녀는 학생 신분으로 공부는 하지 않고 연애를 했다는 이유 때문에 부모에게 쫓겨나서 둘이서 살았다.

그 뒤로 그들은 부모의 축복 없는 결혼식을 했고 한 아이의 부모가 되었다. 그녀의 남편은 가장이 되자 공부를 중단했다. 그리고 생활을 꾸리기 위해 낮에는 아이스크림 도매상에서 일을 했고 밤에는 행정고시 시험 준비를 했다. 그는 가족을 위해 무슨 일이든 가리지 않고 시간을 다투며 열심히 일했다. 그녀도 남편을 돕기 위해 창피를 무릅쓰고 챙 모자를 덮어쓰고 용감하게 아이스크림 통을 어깨에 메고 다니며 팔았다. 그들은 그렇게 부모의 도움 없이 다람쥐처럼 부지런히 일하면서 세 식구가 행복하게 살았다.

이듬해 겨울, 행정고시를 준비하던 그는 시험 날짜가 임박하자 막바지 시험공부를 하기 위해 작은 월세 방을 구해 집을 나갔다. 밤에라도 혼자서 조용히 마무리 공부에 집중하기 위해서였다. 그는 그렇게 낮에는 일터에서, 밤에는 고시 공부를 하면서 쉴 새 없이 노력했다. 시험이 임박하면서 힘든 일과 공부에 대한 스트레스 때문인지 남편이 자주 코피를 흘린다고 그녀는 걱정했다. 하지만 며칠만 더 참고 견디라는 말뿐 해 줄 것이 없더라며 눈물을 흘렸다.

시험 볼 날이 이틀밖에 남지 않았던 어느날이었다. 일을 나가기 위해 새벽이면 정확히 집으로 오던 그가 그날은 오지 않았다. 걱정스러운 마음에 남편을 찾아가서 문을 두드렸지만 아무 대답이 없었다. 마음이 다급해져 그녀는 문을 열고 들어가 그를 깨워 보았지만 그는 말이 없었다. 밤안개 자욱한 그날 밤, 방바닥 실금 사이로 새어 들어온 연탄가스를 마시고 그는 싸늘한 시체로 변해 다른 세상으로 떠나고 만 것이었다.

연탄가스는 한 가정의 행복을 그렇게 무참히 앗아갔다. 그녀는 하늘과 땅이 무너졌지만 마냥 슬퍼할 수도 없었다. 아빠와의 이별 앞에서도 아무것도 모르고 뛰어 놀고 있는 아들과 살아가야 했기에 말없이 슬픔을 가슴속으로 삼켜야 했다. 그렇게 한 해를 보내던 어느 날 내게 말했다. 철없는 아들이 엄마의 마음도 모르고 이것저것 사달라고 떼를 쓸 때는 남편이 공부했던 책을 헌책방에 팔아 그 돈으로 아들을 달래며 살고 있다고 했다. 그날도 아들이 홍시를 사달라고 떼를 써서 나왔다며 눈물을 흘리며 말하던 그녀, 그녀의 모습이 가지 끝에 매달린 홍시에 겹치며 눈앞이 흐려졌다.

2부

때까우 떼

가을이 깊어지나 보다. 운동을 하고 뒷산을 내려오는데 우뚝우뚝 서 있는 소나무들이 옷을 갈아입는다. 옷을 갈아입은 것은 소나무뿐만이 아니고 은행나무와 단풍나무는 더욱더 화사하게 이미 갈아입었다.

땔감이 부족했던 어린 시절, 나는 가을이면 나무하러 뒷동산으로 자주 갔다. 추운 겨울을 따뜻하게 보내려면 미리미리 땔감을 준비해 놓아야 했기 때문이다. 나무는 주로 남자들이 하지만 때론 남녀 할 것 없이 함께 모여 다니기도 했다. 나는 오빠가 많았지만 모두 직장에 다녔다. 그래도 겨울 땔감은 준비해 주었지만 가끔은 나도 친구들을 따라 나무하러 갈 때가 있었다.

햇살이 따뜻한 어느 가을 날, 나는 친구들과 함께 갈퀴와 낫을 들고 뒷동산으로 갔다. 동네에서 가까운 산이라 많은 사람들이 날마다 갈퀴로 몇 번씩 긁어가서 나무는 별로 없었다. 그러나 우리들은 먼 곳은 무서워서 못 가고 뒷동산으로만 자주 다녔다. 이미 다른 애들이 갈퀴로 긁고 또 긁어서 붉은 살을 드러내 보이고 있는 산허리를 우리들은 작은 손으로 손에 피가 나도록 갈퀴로 긁어모았으지만 나무는 별로 없었다.

때로는 솔가지도 꺾고 낫으로 삭정이도 베면서 솔방울을 따기도 했다. 그러다 낫질을 잘못해서 삭정이를 벤다는 것이 손가락을 베어 뼈가 하얗게 보이도록 살 껍질이 벗겨지기도 했다. 나에게도 그때 베인 상처의 흔적이 지금도 남아있다. 솔방울은 따로 모아 두었다가 겨울이면 학교에 가져갔다. 난방이 안 되던 그때 솔방울은 난로 불을 피우는데 유일한 땔감이었다. 어찌 우리들만 그 산허리를 긁어 파헤쳤겠는가. 수많은 사람들이 스쳐간 뒤를 우리는 바람에 한 잎 두 잎 떨어진 솔잎을 또 긁어모았던 것이다.

어느 날 한 친구가 울타리를 쳐 놓은 옆 산을 바라보더니.

"야, 우리 울타리 구멍을 뚫고 들어가서 나무 하자."

했다. 나는 겁이 나서 대답도 못하고 서 있는데 애들은 하나, 둘 울타리 구멍을 뚫고 들어가더니 나무를 한 아름씩 안고 나왔다. 한 친구가 또 말했다.

"야, 너도 빨리 들어가서 해 와, 서 있지만 말고."

그러나 유난히 겁이 많은 나는 친구들을 바라만 보고 있었다. 그 산은 우리 마을에서 제일 부잣집 뒤뜰임과 동시에 야산처럼 소나무가 많아 집 주인은 울타리를 쳐놓았다. 그 안에는 언제나 누런 나뭇잎들이 양탄자를 깔아 놓은 듯 수북이 깔려 있었다. 친구들은 그 안을 몇 번만 들락날락 해도 나무둥치가 커졌다.

갑자기 그 집에서 일하는 아저씨가 우리들을 보고 마구 소리를 지르며 달려왔다. 친구들은 순식간에 나무둥치를 등에 매고 도망갔지만 나는 당당하게 조그마한 나무둥치를 묶어놓고 도망가는 애들만 바라보고 서 있었다. 그런데 그 아저씨는 내 곁에 다가오더니 다짜고짜 말도 없이 내 낫과 갈퀴를 빼앗았다. 아저씨는 나도 당연히 울타리 안에 들어가서 나무를 했다고 생각한 것이다. 나는 울타리 안에 들어가서 나무를 한 적이 없다고 몇 번을 말했지만 아저씨는 듣지 않고 돌아서 내려갔다. 억울하기도 하고 또 엄마에게 낫과 갈퀴를 빼앗겼다고 혼날 걱정에 한참을 서 있었다.

해가 저물어서야 작은 나무둥치를 머리에 이고 나는 집으로 돌아왔다. 엄마는 늦어서야 돌아온 딸에게, 낫과 갈퀴는 어디다 두고 나무 그것을 이고 이제 오느냐고 야단을 쳤다. 나는 그제서야 억울한 생각이 들어, 그 집 산에 들어가지도 않았는데 내 낫과 갈퀴를 아저씨가 빼앗아 갔다며 봇물이라도 터진 듯이 엉엉 소리 내어 울었다. 엄마는 네가 정말 그 집 산에 들어가지 않았으면, 내일 그 집에 가서 사실대로 말하고 낫과 갈퀴를 찾아오라고 했다.

다음날 나는 용기를 내어 그 집을 찾아갔다. 나무로 만들어진 대문은 웅장했고 어린 내가 열기에는 버거웠다. 있는 힘을 다해 겨우 대문을 열었는데, 끼이익- 소리와 함께 문이 열리는 순간, 벌떼처럼 때까우(거위)가 떼로 달려들었다. 나는 온몸이 굳어 버려 꼼짝도 할 수가 없었다. 목을 길게 뺀 하얀 때까우들은 목을 쭉 빼고 뒤뚱뒤뚱 뛰며 날며 '까~욱 까~욱' 울어대며 내게로 달려들더니 내 키보다 더 긴 목을 쳐들고 나를 쪼았다. 나는 도망도 못치고 새파랗게 질려 바위처럼 굳어서 소리만 질렀다. 때까우 울음소리를 듣고 어제 그 아저씨가 나와서 때까우를 쫓아 주었다. 조금 후에 집 주인도 나오더니 무슨 심부름을 왔느냐고 물었다. 나는 어제 이 집 산에 들어가 나무를 하지 않았는데 아저씨가 빼앗아간 내 낫과 갈퀴를 찾으러 왔다고 했다. 그 집 주인은 아저씨를 야단쳤다.

노랗게 물든 소나무를 바라보니, 갈퀴를 거꾸로 들고 까치발로 나무에 매달려 단풍든 솔잎을 흔들며 나무하던 어린 시절이 생각난다. 요즘은 시골도 때까우 대신 잘생긴 진돗개들이 귀를 쫑긋 세우고 제몫을 하고 있다. 농촌에도 지금은 땔감 대신 LPG 가스를 사용하기 때문에 어느 산을 보아도 땔감이 수북이 깔려있지만 눈을 씻고 보아도 나무하는 사람은 없다. 도시와 똑같이 편리한 생활을 하고 있기 때문이다.

세상은 편리해졌지만 그 기와집 주인은 세월을 이기지 못하고 요양병원 신세를 지고 살다가 강을 건너가셨고, 대궐처럼 고풍스럽던 그 집만 주인을 잃고 뒷방 늙은이처럼 외로이 고향을 지키고 있다는 소식을 풍문으로 들었다. 내 낫과 갈퀴를 빼앗아 갔던 일꾼도 어디에서 살고 계시는지-.

노랗게 물든 소나무를 보니 뛰뚱뛰뚱 날며 뛰며 고개를 쳐들고 달려들어 쪼아대던 때까우와, 깜짝 놀라 파랗게 질려 대문을 붙들고 울던 내 어린 시절이 아련히 스쳐간다.

우물에 빠진 조카

고물고물 놀고 있는 아이가 눈앞에 아른거린다. 보고 싶은 마음에 말없이 싸리문을 열고 나서는데, 조카가 자기도 가겠다며 따라 나온다.

"고모, 나도 따라갈래."

"넌 집에 있어. 더우니까 고모 혼자 빨리 갔다 올게."

갑자기 둘째 오빠네 조카가 보고 싶어서 가보려는데 큰 오빠네 조카가 칭얼대며 따라나선다. 둘째 오빠 집은 작은 산 하나를 넘어 이웃마을에 있었다. 조카를 데리고 산을 넘어 가기엔 힘도 들지만 오며가며 시간이 많이 걸려서 몰래 가려다 조카 눈에 딱 띄고 말았다. 할 수 없이 손을 잡고 땀을 흘리면서도 아기가 보고 싶은 마음에 무서운 산길을 숨을 죽이며 살금살금 걸어가는데 이름 모를 새가 푸드덕 날았다. 우리는 깜짝 놀라서 "엄마야!" 하고 소리를 지르며 서로 손을 더욱 세게 잡고 빠른 걸음으로 걸었다.

둘째 오빠 집에 도착하니 온몸이 땀으로 흠뻑 젖었지만 그래도 나는 신이 나서 아기도 업어주고, 청소도 하고 누가 시켜서가 아니라 마냥 즐거웠다. 아기도 예쁘지만 도시에서 살다가 시집온 올케언니가, 시골에서만 살아온 내 눈에는 세련되고 예뻤으며 집도 깨끗하게 잘 꾸미고 살고 있어 뭐든지 멋있게만 보였기 때문이다. 청소를 마치고 걸레를 빨려고 세수 대야에 걸레와 비누를 담아 옆구리에 끼고 우물가에 가려는데 조카가 또 칭얼대며 따라나선다. 매정하게 떼어놓지 못하고 할 수 없이 손을 잡고 함께 가면서

"우물에 가면 위험하니 고모 말 잘 들어야 한다."

우물은 집 뒤 5분 거리에 있었으며 나는 조카와 함께 우물가에 앉아서 바가지로 물을 퍼 올려 열심히 걸레를 빨았다. 여기 우물은 우리집 우물과는 달리 두레박으로 물을 길어 올리는 게 아니라 야트막하게 돌담을 쌓아 어른들은 우물가에 빙 둘러앉아 바가지로 물을 퍼서 쓴다. 조카도 고사리 같은 손으로 걸레를 빤다면서 계속 비누를 대야 속에 넣고 비누 거품 장난만 하고 있었다. 비누가 물에 불어서 다 닳아 없어질 것 같아 나는 조카 몰래 비누를 내 등 뒤에 감추었다. 그 시절에는 모든 물자가 귀했다. 비누가 다 닳아버릴까 봐 숨겼는데 조카는 두리번두리번 비누를 찾아 우물가를 빙빙 돌더니 내 등 뒤에 있는 비누를 발견했다. 그런데 내 등 뒤에서 비누 바구니를 들고 일어나던 조카는 나를 발로 툭 찬다는 것이 미끌렸는지 그만 우물 속으로 풍덩 빠져버렸다.

깜짝 놀라 일어서 보니 조카는 이미 물 속으로 들어가 버린 후였다. 너무 놀라서 말은 나오지 않고 발만 동동 구르고 있는데 순간 조카 몸이 폭 솟아올랐다. 나는 얼른 치마를 잡는다는 것이 그만 놓쳐버렸다. 그때서

야 제 정신이 들어

"사람, 사람 좀 살려주세요!"

울면서 소리를 질렀지만 주위에는 아무도 없었다. 우물은 마을 뒤 외딴곳에 있어서 아무리 소리를 질러도 들리지 않는지, 한 사람도 오지 않았다. 아니 시골에는 낮에는 집에 사람이 없다. 모두 들에 나가 일을 하기 때문이다. 그런데 잠시 후 또다시 푹 솟아올랐다. 나도 모르게 얼른 손을 뻗었는데 순간 찌~익 소리가 나면서 조카도 순식간에 내 손을 잡았다. 이제 놓치면 큰일 난다는 생각에 있는 힘을 다해 붙잡아 올렸다. 조카가 기어나오는 것과 동시에 나는 힘이 빠져서 우물가에 주저앉아 버렸다. 흐르는 눈물을 닦아내고 있는데 조카는 소리를 지르며 나에게 달려들었다.

"고모 때문에 내가 물에 빠졌잖아!"

하면서 고사리 같은 손으로 나를 마구 때린다.

"니가 나를 발로 차다가 뒤로 넘어져서 빠졌잖아."

하고 나도 소리쳤다. 그 아이 생각에는 고모 때문에 물에 빠졌다고 생각하는 것이었다. 속담에 물에 빠진 사람 건져주면 보따리 달라고 한다더니, 젖은 옷을 입은 채 집을 향해 손을 꼭 잡고 터덜터덜 산길을 걸으면서도 우물에 빠졌던 것이 너 때문이지 나 때문이냐 따지다가,

"너도 많이 놀랐지? 고모도 엄청 놀랐다. 그래도 그 순간 나를 꼭 잡아줘서 네가 살았지, 만약 우리 둘이 조금만 늦었어도 아마 둘이서 함께 빠져 죽었을 거야."

우리는 물에 빠진 생쥐가 되어 집으로 돌아오는데 걱정이 앞섰다. 워낙 부지런하고 완고한 둘째 오빠가 무서워서다. 걸레 빨러가서 그런 일이 일어난 줄도 모르고 늦게 돌아왔다고 불벼락이 떨어질게 뻔했다. 그

래서 둘이서 살금살금 싸리문을 열고 막 들어서려는 순간,

"그때가 언젠데 이제 오냐? 더 어두워지기 전에 빨리 밥 먹고 가거라."

오빠의 불호령에 우리는 바람 앞의 촛불이었다. 우물가에서 일어났던 일은 한 마디도 못하고 올케언니가 차려준 밥을 먹는 둥 마는 둥하고 산길을 걸어 집으로 돌아왔다. 그런 사연을 안은 1958년 여름도 반세기가 훌쩍 지났다.

지금은 그 조카도 육십이 넘어 남원에서 특수 작물을 하고 있고, 곱고 예쁘던 올케언니는 세월의 훈장을 얼굴에 무수히 달고 가끔씩 안부 전화만 하고 산다. 나 역시 세월 속에 묻어둔 젊음을, 아니 그날 찢어진 치마 자락을 생각하며 가슴을 쓸어 내린다.

X-mas 카드

해돋이를 보러간다고 아차산 허리가 휘도록 사람들이 무리를 지어 구름떼처럼 오르던 날이 어제인 것 같은데 벌써 한해를 마무리해야 할 12월이 다가왔다. 교회 십자가는 물론, 길거리며 상가 건물 곳곳에 네온사인으로 눈이 부시도록 아름답게 장식해 놓았다. 지하철 입구에도 어김없이 딸랑딸랑 사랑의 종소리가 발걸음을 멈추게 한다. 불을 환히 밝힌 가게 앞에 아가씨들이 모여서 X-mas 카드를 고르고 있다. 이것저것 들쳐보며 재잘거리는 아가씨들을 지나치며 나는 그날이 생각나서 미소를 짓는다.

나는 초등학교를 아홉 살에 들어갔다. 오빠들이 많기도 했지만 대부분의 집에서 딸은 학교엘 보내려는 관심조차 없었다. 우리 집 뿐만이 아니라 그 시절에는 부잣집이 아니고는 거의 그랬기 때문에 학교에 다니는 아이들은 부러움의 대상이었다. 그래서 학교에 보내준다는 아버지 말씀에 어린 나는 뛸 듯이 기뻤고 자랑스러웠다.

학교는 교실이 부족해서 처음에는 가마니를 깔고 공부를 하다가 4학년이 되면서부터 교실에 들어가서 공부했다. 나는 공부가 끝나자마자 책보자기를 싸서 허리에 메고 시린 손을 부비며 집으로 마구 뛰었다. 빨리 집에 가서 일을 도와야 한다는 생각뿐이었다. 등 뒤에서는 빈 도시락과 반찬 그릇이 달그락 달그락 맞장구를 쳐주었다. 십리 길을 힘든 줄도 모르고 뛰어 다녔다. 공부보다는 짚 한 다발을 새끼를 꼬아놓고 풀도 뜯어다 새끼돼지 밥도 주어야했다. 그러고 나면 해는 뉘엿뉘엿 서산에 걸렸다. 마지막 청소까지 하고 나면 엄마 아빠에게 칭찬을 받을 수 있었다. 따라서 숙제는 언제나 밤이 되어서야 할 수 있었다.

1956년, 그때만 해도 아버지는 큰오빠를 군대에 보내면 죽어서나 돌아온다고 생각하셨다. 아버지의 끔찍한 자식 사랑은 큰오빠를 군대에 보내지 않으려고 얼마 되지도 않은 논밭을 모두 팔아 쓰셨다고 했다. 그 뒤부터 우리는 점점 살기가 힘들어졌다. 결국은 온 식구가 힘을 모아 가마니를 짜서 오일장에 내다 팔아, 그 돈으로 쌀을 사서 생계를 이어가야 했다. 그 바람에 성격 급한 둘째 오빠는 어느 놈한테 담배 한 갑도 사주지 말라면서 자원해서 군대를 가버렸다.

내성적이었던 나는 무엇이든 부모님이 시키는 대로 해야만 되는 줄 알았다. 밤낮으로 쉴 새 없이 일만 하시던 엄마는 밤이면 자다가도 "아이고 어깨야!" 하는 신음소리를 내셨고 나는 그 소리에 가끔은 잠에서 깨어 작은 손으로 엄마의 어깨를 조물조물 주물러 드리기도 했다. 나도 힘들고 아플 때가 많았지만 너무 일찍 철이 들었는지 아프다는 말도 못하고 속으로만 울었다. 그 영향은 지금도 남아있어 때론 표현하지 못하는 내가 미울 적도 많다.

5학년 겨울이었던가? 빈 책가방을 벗어 도시락을 꺼내어 씻어놓고 짚을 가져와 새끼를 꼬았다. 고물고물 어린 손은 기계처럼 돌아 어깨를 쭉 뻗어 끝까지 꼬아 다리 밑에 차곡차곡 쌓는다. 그렇게 짚 한 다발을 다 꼬아서 쓰기 좋게 무릎으로 둥글둥글 예쁘게 감아놓는다. 그러고 나면 손바닥이 빨개져서 화끈화끈거린다. 그래도 참는다. 저녁을 먹고 늦은 밤에야 던져놓은 책보자기를 찾아다가 호롱불 밑에서 다음날 가지고 갈 숙제를 하기 위해 책보자기를 풀고 책을 넘겨보았다. 그런데

"이게 뭐지?"

말로만 듣던 예쁜 카드 한 장, 가슴은 두방망이질 친다. 식구들이 알면 벼락이 떨어질 텐데, 빨리 없애야 한다. 누가 언제 책 속에 넣은 줄도 몰랐는데 글씨는 단 몇 자.

'나는 네가 좋아'

그 말뿐이다. 하지만 누가 보면 큰일이다. 특히 성격 급한 오빠가 알면 그날로 죽음이다. 재빠르게 호롱불에 카드를 댄다. 불이 붙었다. 빨갛게 타오른다. 온방이 불바다처럼 환해졌다. '빨리 타거라 빨리!' 마음속으로 부채질을 하고 있는데 갑자기 밝아진 창문을 보고 부엌에서 일하던 언니가 뛰어 들어왔다.

"지금 너 뭐 하고 있냐. 불장난 하냐?"

"아~니, 그 그냥 뭐 쬐끔 태웠어."

"밤에 불장난하면 오줌싼께 불조심해라 잉."

대답도 하기 전에 언니는 문을 쾅 닫고 하던 일을 마저 하러갔다. 내 얼굴은 화끈화끈 불덩이가 되었고 가슴은 쿵쾅쿵쾅, 시간이 가도 가라

않지 않았다.

도대체 카드를 보낸 아이는 누구였을까? 행여 누가 볼까봐 성급한 마음에 이름도 보지 못하고 태워버린 카드가 지금 생각하면 아쉽다. 뭐 그리 잘못한 거라고. 알고 보면 단지 내 책 속에 이름 모를 카드가 한 장 들어 있을 뿐이었는데. 어떤 아이가 장난삼아 카드 한 장 사다가 몇 자 써서 손에 들고 교실을 빙빙 돌다가 내 책 속에 넣은 것일지도 모르는데. 교회를 다니던 아이의 장난이었을까? 아니면 혼자서 나를 너무 좋아하던 아이가 크게 용기를 내어 카드로 고백한 것은 아니었을까?

지금은 세상이 바뀌어 유치원생들도, 아니 다섯 살짜리 우리 손자도 자기는 누가 최고 예쁘다며 엄마더러 그 애 준다고 선물을 사달라고 한다는데!

흙탕물

내일이면 온 가족이 휴가를 떠나야 하는데 하루 종일 찌푸려 있던 날씨는 밤이 되니 소나기를 쏟아부었다. 남편과 아들은 이 비에 어떻게 물가로 휴가를 떠나느냐며 걱정을 했다. 하지만 약속된 일정을 취소할 수는 없어

"아들, 엄마가 여행 다니며 비 내려 구경 못한 적 없으니 계획대로 떠나자."

다행히 비는 밤에만 내리고 아침에는 개였다. 우리는 아침도 거른 채 일찍 길을 나섰다. 그러나 평소 같으면 한 시간이면 충분하던 거리가 너도 나도 떠나는 휴가철이라 네 시간도 더 걸려서야 목적지에 도착했다. 펜션에 도착하자 가족들은 다들 배가 고프고 지쳤는지 금강산도 식후경이라며 식사를 먼저 하자고 했다. 밥을 먹고 나니 비로소 깨끗하고 좋은 집이 눈에 들어왔다.

힘들여 텃밭에 심어놓은 고추, 상추, 가지, 들깨 등 야채들을 내 것인 양 마음껏 따다 먹으라고 하는 지인의 훈훈한 인심은 마치 고향을 찾아 온 듯 마음을 흐뭇하게 했고 집 앞에 흐르는 냇물도 도시에서 찌든 우리를 모두 불러내기에 충분했다. 우리 가족은 물속에서 가지고 놀 수 있는 도구를 하나씩 손에 들고 냇가로 나섰다. 냇가에 도착하자 아들은 보트에 바람을 넣어 애들을 태워주니 마냥 즐거워한다. 남편과 큰아들은 고기를 잡겠다며 어항을 놓으러 물길을 따라 내려갔다.

이튿날도 똑같은 놀이가 반복되었고 물 미끄럼틀 하나가 추가되어 운행을 했다. 언제나 노는 장소에서는 애 어른 할 것 없이 모두가 마냥 즐겁다. 다행히 비는 밤에만 내렸다. 어제와는 달리 밤에 내린 비로 냇물이 조금 많아져서 물살도 더 세차게 흘러내려갔다. 나는 물살이 무서워 징검다리 위에 앉아서 두 발로 물장구만 치고 있는데 작은며느리가 보드 태워준다며 보드를 끌고 다가왔다. 나는 물이 무서워 싫다고 손사래를 하고 애들이 물 미끄럼 타는 걸 바라보고 있는데 맑은 냇물은 아련한 추억의 흙탕물로 변해 넘실거렸다. 거기에는 키가 작은 아이가 책보자기를 허리에 메고 찢어진 우산을 쓰고 뛰어가고 있었는데 그 뒤를 키가 큰 남학생이 따르고 있었다.

1959년 여름, 천둥번개를 동반한 비바람이 아이의 학교 가는 길을 막았다. 하지만 아이는 결석을 한다는 것은 있을 수 없다는 생각에 찢어진 우산을 쓰고 학교 가는 길을 나섰다. 아이의 아버지는 아이의 오빠를 불러 학교 가는 길에 있는 도랑을 건너주고 오라고 했다. 아버지 말씀을 거역 못한 오빠는 가기 싫은 발길을 옮겨 아이가 가는 길을 뒤따르고 있었다. 가는 도중에도 오빠는 연신 아이를 나무랬다. 이 비에 꼭 학교를 가야하느냐고……. 지금 학교에는 아무도 오지 않았을 거라며 야단야단 했다. 아이도 막상 길을 나서니 순식간에 옷도 젖어들고 세찬 비바람과 울리는 천둥소리는 산이라도 가르는 듯 더 무서웠다. 하지만 말도 못하고 떨며 걷고 있는데 오빠도 무서웠는지 등 뒤에서 반복해 야단만 했다. 아이는 야단치는 오빠의 말도 못 들은 채 앞만 보고 걸었다.

학교 가는 길은 야트막한 산을 돌아 도랑을 건너 들판을 지나고 버스길 비포장도로를 한참 걸어가야 했다. 비가 오는 날에는 비포장도로를 걷다가 버스라도 만나면 잘못 피했다가는 버스가 웅덩이 물을 튀기고 지나가므로 옷은 물론 얼굴까지도 흙탕물 세례를 받을 수도 있는 길이었다. 아이가 도랑을 건너야 할 지점에 다다랐으나 길과 도랑이 어디인지 구분할 수가 없고, 흙탕물은 무엇이든 집어삼킬 듯이 아가리를 벌린 채 넘실대며 흘러가고 있었다. 아이는 무서워 망설이고 있는데 등 뒤에서 오빠가 한마디 했다.

"너, 여기 건널 수 있어?"

이 빗속에 아버지 말씀을 거역 못하고 따라오기는 했지만 오빠도 우산은 썼어도 옷이 다 젖어 아이가 미웠던 것이다. 그 말을 들은 아이는 화가 나서

"그래, 내가 건널 거야. 걱정 하지 마!"

하고 훌쩍 뛰는데 등 뒤에 서 있던 오빠가 겁이 났는지 얼른 치마를 붙잡았다. 그 바람에 아이는 흙탕물로 풍덩 빠졌다. 놀란 오빠는 얼른 아이를 붙잡아 건져놓고 서있는데 아이는 차라리 놔두었으면 건널 수 있었을 텐데 왜 잡았느냐고 소리치며 참아왔던 울음을 터트렸다. 오빠는 놀라서 울고 있는 아이를 다시 길을 건네주고 빨리 뛰어 학교 가라고 말하고 돌아서 집을 향해 뛰어갔다. 아무리 철없는 아이라 해도 흙탕물에 빠

진 옷을 입고 학교에 갈 수는 없었다. 할 수 없이 아이도 들판을 지나가는 오빠 뒤를 천천히 따라서 집으로 갔다. 집 앞에 도착한 아이가 싸리문을 열고 들어가려 하는데 집 안에서 아버지가 오빠를 야단치는 소리가 들렸다. 아마도 아이가 물에 빠졌다는 사실을 말한 것 같았다. 아이는 한참을 싸리문 밖에 서 있다가 집 안이 조용해져서야 집에 들어갔다. 아버지에게 옷이 젖어 학교에 못 가고 되돌아왔다고 했더니 잘 왔다고 하시며 비가 너무 많이 내려서 오늘 학교는 쉰다고 하셨다.

그때는 전화가 없던 시대라서 우리는 늦게야 연락을 받았던 것이다. 지금은 그때 그 흙탕물이 흐르던 도랑은 흔적도 없이 아스팔트길로 변했지만 그 후로 나는 물 공포증이 생겨서 여태껏 수영도 배우지 못했다. 물이 조금만 많은 곳에 가도 긴장이 되면서 가슴이 두근거리고 현기증이 난다. 그래서 나는 지금도 수영은커녕 바다 구경을 가도 물가에서 발만 담그고 있을 뿐 깊은 물은 좋아하지 않는다. 그것을 모르는 작은며느리는 징검다리에 혼자 앉아있는 시어머니 모습이 외로워 보였는지 자꾸만 보드를 태워주겠다며 부른다. 아직 어린 며느리는 때론 이렇게 여유롭게 앉아서 온 가족이 노는 모습만 보아도 행복한 어미의 깊은 마음을 알 수 없으리라.

죽었다 살아난 닭

1970년의 일이다.

언니는 아버지가 돌아가신 후 큰아버님이 중매하셔서 영암 월출산 근교의 한 농부에게 시집을 갔다. 예나 지금이나 시골은 5.6월이면 보리 수확과 모내기로 눈 코 뜰 새 없이 바쁜 계절이다. 그즈음 나는 일을 잠시 쉬고 있던 터라 바쁜 언니를 조금이라도 돕기 위해 언니네 집에 가기로 했다.

서울역에서 완행열차를 타고 영산포에 내려서 다시 버스를 타고 덜컹덜컹 흔들거리는 비포장도로를 한참 달려 언니네 집에 도착하니 벌써 해는 서산에 걸려 있었다. 요즘 같으면 버스도 제비가 비행하듯이 미끄러지게 달릴 텐데 그때만 해도 비포장도로가 많아서 교통이 많이 불편했다.

밤이 늦어 도착하니 언니를 비롯해서 형부와 가족 분들 모두가 반겨

주셨다. 그중에서 유난히도 형부는 나를 반가워했으며 당신 처제가 세상에서 제일 예쁜 양 자랑단지를 늘어 놓으셨다. 그렇게 다들 이런저런 얘기에 여념이 없는데 그 와중에도 워낙 초저녁잠이 많은 나는 종일 차를 타서 피곤한 탓인지, 아니면 저녁을 먹은 뒤라 식곤증인지 이야기 중에도 졸음이 밀려왔다. 그 모습을 보고 있던 언니가 일찍 자라며 옆구리를 찔러 눈치를 하기에 살며시 인사하고 건넌방에 와서 눕자마자 깊은 잠에 빠져 들었다.

아침에 일어나 보니 모두가 일터로 나가시고 집안은 조용했다. 멋쩍기도 하고 미안하기도 하고 해서 마당에 나와 보니 해는 이미 중천에 떠서 이글거리는데 마치 온 대지를 구워 삼킬 듯이 내려 쪼이고 있었다. 마당에는 보리를 가득히 널어 둔 맷방석이 깔려 있었다. 언니는 보리를 말리려면 그것을 발로 죽~죽~ 밀고 다녀줘야 한다고 했는데 나는 땡볕에 나갈 엄두가 나질 않았다. 하지만 내가 도울 수 있는 일이란 가득 널어놓은 보리를 맨발로 죽죽 밀고 다니며 저어 주는 일과 밥이나 하고 청소나 거드는 일밖에는 아무 것도 할 수가 없어서 더위를 꾹꾹 참으며 발로 보리를 밀고 다니다 보니 땀은 이마를 타고 구슬처럼 뚝뚝 떨어져 내렸다.

하지만 언니를 조금이라도 돕겠다고 서울에서 거기까지 내려갔으니 이쯤은 참아야 한다고 생각하며 보리를 모두 발로 밀고 나서 밥을 하려고 바가지에다 쌀을 퍼서 막 들고 나오는데 이때부터 일은 벌어지고 말았다. 어디선가 놀고 있던 닭들이 쌀바가지를 보는 순간 20~30마리가 떼를 지어 달려들어서 걸음을 걸을 수 없도록 발길을 막아선 것이다. 걸음을 떼기도 어려운데 다들 꼬꼬댁거리며 따라오니.

그래서 할 수 없이 막대기를 들고 좇아가며 우물가에 앉았다. 바가지로 물을 퍼 막 쌀을 씻으려는 순간, 닭들이 한꺼번에 우르르 달려오더니 네 머리 내 머리 경쟁이라도 하듯이 함지박 속에다 마구 머리를 들이박고 쌀을 쪼아대더니 몇 마리는 아예 함지박 속으로 들어서는 것이 아닌가? 닭도 보리밥보다 쌀밥이 더 맛있는지 옆에 보리가 널려 있음에도 불구하고 아우성이었다. 이건 도무지 밥을 하는 게 아니라 완전히 닭 모이 주는 격이 되어 버렸다. 순간 화가 머리끝까지 나서 들고 있던 물 바가지로 팍~ 하고 때렸더니

'어머 어쩜 좋아!

한 마리가 그 자리에서 쭉 뻗어버리고 나머지는 놀라서 '걸음아 날 살려라-' 는 듯이 도망을 가 버렸다.

'이 일을 어찌하나? 사돈집인데!

가슴이 쿵~ 하고 내려앉았다. 일을 도와주는 것이 아니라 오히려 닭을 잡고 말았으니. 사돈 할머니며 형부를 볼 낯이 없었다. 그래서 땅이 꺼져라 걱정을 하며 주저앉아 있는데 쓰러졌던 닭이 갑자기 벌떡 일어나더니 후다닥 꽁무니가 빠져라 줄행랑을 쳤다.

'그 닭도 놀랐겠지만 나는 또 얼마나 놀랐는지—' 놀란 가슴을 쓸어내리며 주저앉아 있다보니 나도 모르게 웃음이 나와 한참을 깔깔대고 웃다가 밥을 지었다.

저녁이 되자 일터에서 모두들 돌아오셨는데 마치 물속에서 방금 나온 사람처럼 옷은 흠뻑 젖었고 검게 그을은 얼굴에서는 땀방울이 뚝뚝 떨어져 내렸다.

"더운데 힘 드셨지요?"

나는 언니와 서둘러 식사를 차려드렸다. 식사하시는 동안에 혼자서 놀란 이야기를 말씀드렸더니 언니의 시어머니 말씀이

"어쨌다요. 그냥도 잡아먹는디 지가 귀한 손님 오신 줄 알고 알아서

죽을라고 했구먼이라우."

하면서 웃으셨다. 인자하시고 정이 많으신 어르신. 그 모습이 아직도 생생한데 이제는 고인이 되셨지만 나는 그때 일을 생각하면 지금도 할머니의 푸근한 말씀과 놀라서 뒤뚱거리며 도망치던 닭이 눈에 선하다.

쥐구멍이 어데 있나

아직은 어둠이 깔려있는 새벽길을 운동을 하기 위해 가방을 메고 집을 나섰다. 새벽 찬바람은 몸을 웅크리게 했고 얼굴은 물론 장갑을 낀 손까지도 시렸다. 차가운 얼굴을 손으로 몇 번 문지른 후, 두 손을 주머니에 넣고 길을 걷는다.

운동하러 가는 길은 두 갈래 길이다. 한쪽 길은 야트막한 산길이지만 조금 빠른 코스이고 또 한쪽 길은 아스팔트길이라 안전하긴 하지만 조금 돌아가는 코스이다. 그래서 겨울에는 언제나 아스팔트길을 선택한다. 산길보다 덜 미끄러워 안전하기 때문이다.

며칠 전에 내린 눈은 다행히 거의 다 녹아 길은 생각보다 미끄럽지 않았다. 그래도 아직은 어둠이 깔려있어 조심조심 길을 걸었다. 한참을 걷다보니 길옆에 장애인 통근 버스가 주차되어 있었다. 그런데 추운 새벽에 세차를 했는지 아니면 어디서 물이라도 흘러내렸는지 갓길에 살얼음이 얼어있었는데 나는 그것을 모르고 걸어가다가 쿵- 하고 뒤로 벌렁 넘어졌다. 벌떡 일어나 몸을 이곳저곳 만져 보고 고개도 좌우로 돌려보았는데 다행히 다친 데는 없는 것 같았다. 등에 메고 있던 가방이 등과 머리를 받쳐 준 모양이다. 아직은 이른 시간이지만 그래도 혹여 남이 볼 새라 아무 일도 없었다는 듯이 태연히 운동장을 향해 걸었다.

운동장에는 벌써 많은 사람들이 나와 라이트를 켜고 운동을 하고 있었다. 나도 넘어지긴 했지만 아픈 데도 없는 것 같아 그들과 함께 운동을 했다. 그런데 넘어졌을 때나 운동을 할 때도 아픈 걸 못 느꼈는데 시간이 갈수록 왼쪽 어깨가 마음대로 움직여지지 않았다. 할 수 없이 정형외과에 갔는데 생각보다 환자들이 너무 많았다.

환자들은 대부분 눈길에 넘어져서 팔과 다리를 깁스한 노인들이었다. 그 사람들을 바라보니 내 어깨 아픈 것은 아무것도 아니라는 생각에 나는 여유롭게 앉아 책을 읽으며 순서를 기다리고 있었다. 그런데 주위가 어수선한 탓인지 집중이 되지 않고 책 위에 옛 친구의 얼굴이 아른거렸다.

처녀시절 나와 아주 친하게 지내던 친구가 있었는데 그 친구가 자기는 유난히 잘 넘어진다는 이야기를 가끔 했다. 그렇다고 어디가 모자란 것도 아니고 적당한 키에 양 볼에는 보조개가 있고 눈망울은 반짝반짝 빛이 나면서 얼굴은 약간 까무스름했지만 언제나 눈웃음을 짓는 착하고 예쁜 친구였다.

봄비가 부슬부슬 내리던 어느 날, 직장에서 돌아오던 길에 그 친구가 자신에게 일어났던 일을 이야기해 주었다. 그 날도 봄비가 보슬보슬 내리던 날인데 버스에서 내려 집으로 가는 길에 건널목을 건너려고 서 있었다. 신호가 바뀌어 건너가려는데, 턱이 있는 것을 생각 못하고 발을 내딛었다가 앞으로 엎어졌단다. 그곳은 사직터널을 지나 독립문으로 향하던 길인데 약간 경사가 진 도로였다. 넘어지는 순간 가방 속에 들어있던 도시락과 김치통이 튀어나와 데굴데굴 굴러서 몇 미터를 가다가 멈춰섰다고 했다.

창피하지만 버리고 갈 수도 없어 주우려고 뛰어가는데 그때 마침 길을 건너려고 함께 서 있던 총각이 자기가 뛰는 것을 보고 저보다 빨리 뛰어와 도시락과 반찬 통을 주워주면서 "다친 데는 없어요?" 하고 묻는데, 너무나 창피해서 얼굴도 못 들고 고개를 푹 숙인 채 도시락을 받아 넣고 나니, 쥐구멍이라도 들어가고 싶은 심정에 고맙다는 인사도 못하고 허둥지둥 집으로 뛰어 갔단다.

집에 도착해서 초인종을 누르니 어머니가 대문을 열다 말고 깜짝 놀라면서

"너 얼굴이 그게 뭐냐?"

하고 물으셨는데 그때까지도 친구는 창피했던 생각뿐 아무 생각도 나지 않아 방에 들어가 거울을 보니 얼굴은 물론 옷도 흙탕물 범벅이 되어 있었다고 했다. 넘어질 때 창피한 생각에 얼굴과 옷에 흙탕물이 튄 것도 모르고 그 자리만 벗어나려고 집으로 달려갔다는 이야기를 하면서, 친구는 차라리 그 총각이 못 본 척 했더라면 자기가 그렇게까지 창피하지는 않았을 거라고 했다. 그때 심정은 정말 쥐구멍이라도 있으면 들어갈 것 같은 심정이었다고 했다.

지금 생각해 보면 꽃다운 그 시절에 얼마나 창피했으면 옷과 얼굴에 묻은 흙탕물도 제대로 못 닦고 집을 향해 뛰어갔을까? 이해가 간다. 이

미 할머니가 된 나도 남이 볼 새라 안 넘어진 척 태연히 길을 걸었는데 말이다.

모두가 어려웠던 1968년, 그 시대는 도시락을 싸 가지고 출근했던 사람들이 더 많았다. 지금은 아무리 경제가 어렵다고 하지만 도시락을 가지고 출근한다는 이야기는 들어본지 오래다. 그만큼 우리는 부자가 되지 않았나 하는 생각을 해본다.

유난히 웃음이 많은 나는 친구가 쥐구멍이라도 있으면 들어가고 싶을 정도로 창피했다는 이야기를 들으면서도 얼마나 많이 웃었던지 지금도 그 때를 생각하면 입가에 미소가 지어진다. 지금은 어디서 살고 있는지 알 수는 없지만 그 친구가 문득 그립다.

은쟁반

오랜만에 부엌 대청소를 하기 위해 맘먹고 팔을 걷어부쳤다. 이 집으로 이사 온지 삼십 년이 되었다. 두 아들은 물론 양갈래 삐삐머리를 하고 가슴에 손수건과 이름표를 달고 초등학교에 입학했던 딸까지 결혼해서 자기들의 둥지를 틀어 집을 나갔다. 그동안 두 번이나 집수리를 하면서 많은 물건을 버리기도 했는데 아직도 구석구석 그릇들이 쌓여 자리를 차지하고 있다. 그중에서도 오십여 년 가까이 긴 세월동안 아픔과 슬픔을 나와 함께 해온 옛날 쟁반 하나가 지금도 우리 가족의 건강을 지켜주는 소중한 양념 통을 끌어안고 앉아 있다.

나는 열여덟 살이 되던 해, 오빠를 따라 서울에 왔다. 가난에 밀려 중단해야만 했던 공부를 하기 위해서 온 것이다. 서울에서는 부지런히 일만 하면 돈을 쉽게 벌 수 있는 줄 알았다. 나도 돈 많이 벌어 대학도 가고 잘 살겠다는 야무진 꿈을 안고 왔지만 서울 생활은 생각처럼 호락호락 하지 않았다. 육남매의 막내딸로 태어나 밥은커녕 김치 한 번 담가보지 않고 살았던 나는 오빠와 생활하면서 살림을 하게 되었다. 난생 처음 연탄불에 밥솥을 올려놓고 밥이 다 될 때까지 옆에서 기다렸다. 행여 밥이 타기라도 하면 야단맞을까봐 두려웠기 때문이다. 어떻게든 서울에서 살아남으려면 뭐든 실수 없이 잘해야 한다는 생각뿐이었다. 한참 후 다 된 밥솥을 들고 일어서던 나는 푹 쓰러지고 말았다. 연탄가스를 마신 것이다.

서투른 서울생활은 빠르게 흐르는 물살 사이로 듬성듬성 놓인 징검다리를 건너듯 무서웠기에 조심조심 배우며 살았다. 새롭게 시작한 오빠와의 자취생활은 힘들기도 했지만 즐거웠다. 아침과 저녁밥은 언제나 함께 먹었다. 반찬이라야 하루나김치(유채)와 찌개뿐인데 밥은 입만 달싹거려도 목안으로 스르르 넘어갔다. 호랑이처럼 무섭고 매사에 빈틈없는 오빠는 그래도 퇴근길에 동생을 생각해서인지 언제나 누런 봉지에 군고구마나 기름에 튀긴 뻥과자를 사가지고 왔다. 과자를 먹을 때는 바삭바삭 소리가 요란해서 옆방에 들릴까봐 이불을 뒤집어쓰고 깔깔깔 웃으며 먹기도 했다.

몇 년 뒤 오빠는 결혼을 했다. 올케도 시골에서 세상물정 모르고, 부모님과 오빠들 밑에서 막내딸로 귀여움을 독차지하며 자란 사람이었다. 서울이 마냥 좋을 줄만 알고 시집왔는데 한 살 위인 시누이가 있어 걸림돌이었다. 철이 없는 시누이와 올케였지만 그래도 잘 살았다. 그런데 무슨 일이든 오빠는 나에게 더 많이 시켰다.

신문사에 출근하던 오빠는 밤 새워 원고를 쓰고 아침에 퇴근할 때가 많았다. 그럴 때는 언제나 밥맛이 없다며 나에게 국을 끓여 달라고 했다. 서울에 먼저 왔다는 이유로 내가 조금은 더 미더웠던 것이다. 그것이 화근이 되었는지 일 년이 지나고 어느 날부터 나와 올케 사이에 갈등이 시작되었다. 한번 시작된 갈등은 날이 갈수록 점점 골이 깊어졌고 결국 나는 보슬비가 촉촉이 내리던 어느 가을날 오빠의 만류에도 뿌리치고 집을 나왔다.

내가 고집을 부리며 나가겠다고 하자 오빠는 내가 불안했는지 한마디 했다.

"니가, 이 집을 나가면 혼자서 금방 잘 살게 될 것 같니?"

마지막 남은 자존심에 비수를 꽂았다. 이미 가을 독사가 되어버린 나는 거지가 되어도 이 집에는 얻으러 오지 않는다는 매서운 말을 오빠 가슴에 박아 놓고 창피한 줄도 모르고 이불 한 채만 머리에 이고 집을 나왔다.

그러나 호랑이보다 더 무서운 가난의 터널이 나를 집어삼키려 기다리고 있다는 것을 몰랐다. 화가 나서 나오긴 했지만 목구멍이 포도청이라고 당장 저녁밥부터 걱정을 해야 했다. 먹고 살기 위해서 쌀과 냄비, 수저와 쟁반, 반찬은 겨우 간장과 마아가린을 준비했다. 불을 지피기 위해 새끼줄에 꿰어놓은 십구공탄도 두 개 준비했다. 눈물로 쌀을 씻어 밥을 지었다. 마가린과 간장에 밥을 비벼 쟁반에 올려놓고 울기도 하고 웃기도 했다. 집을 나와 맨 처음 장만한 쟁반은 그때부터 동고동락하며 나의 분신처럼 나를 따라다녔다.

직장에 다니면서 친하게 된 한 언니가 아직 철없고 맹랑했던 나를 그래도 믿어주고 도움을 주었다. 세상 물정도 잘 모르면서 친구 말만 듣고 용감하게 집을 나온 내가 걱정스러웠던 것이다. 나는 가진 돈을 다 털고

빚까지 얻어 작은 가게를 열고 장사를 시작했다. 오빠는 동생이 걱정되어 퇴근길에 자주 들렀고 나 역시 저녁밥을 그릇에 담아 행여 차가워질까봐 또다시 스티로폼 밥통에 넣고 싸서 이불 속에 묻고서 오빠를 기다렸다.

가게에는 하루 이틀, 한 달이 지나도 손님이 거의 없었다. 앞 골목에 산다는 할머니만 가끔씩 반찬을 가지고 와서 조심스럽게 주고 갔다. 장사가 그리 만만치 않은 일인데 겁도 없이 뛰어들어 상처투성이가 된 내가 어디까지 추락할 것인지 바닥은 보이지 않았다. 밤이면 쟁반 위에 외로움과 가난을 비벼 목에 넘겨보지만, 둥근달은 어머니에 대한 그리움으로 가시가 되어 꺼억꺼억 가슴을 파고들었다. 때를 기다렸다는 듯이 밤의 고요한 적막을 깨는 목소리는 나를 한층 더 슬프게 했다.

"메밀묵이나 찹쌀떡 사려~."

반복되는 소년의 목소리는 차가운 골목을 헤집고 돌아 멀리멀리 사라져갔다. 어쩌면 저 소년도 자신의 생채기를 차가운 골목에 쏟아내고 있는지도 모를 일이다. 내일을 위해 잠을 청해 보지만 정신은 총총, 싸늘한 달빛만 창틈을 비집고 들어왔다.

그렇게 어려웠던 시절, 거래처 사장님이 정말 '진국' 이라며 한 남자를 소개했다. 단지 가진 것이 별로 없는 것이 흠이라면 흠이라고 했다. 겨울을 재촉하는 가을비가 촉촉이 내리던 어느 날 저녁, 더할 수 없는 진국이라고 소개받았던 그 '진국' 이 가게로 찾아왔다. 소개를 받았으나 내가 반응이 없자 용기를 내어 직접 찾아온 것이다. 나는 하루하루 생활에 몰두하느라 까맣게 잊고 있었다. 밥상도 없는 자취생활, 더 내보일 것도 감출 것도 없었다. 그러나 누구라도 저녁은 차려주고 보내야 한다는 어머니의 생각이 몸에 배어있던 나는 쟁반에 저녁을 챙겨 '진국' 앞에 내 놓았다. 진국은 쑥스러워하면서도 배가 고팠는지 밥 한 그릇을 뚝딱 해치웠다.

유난히 혹독했던 겨울도 지나고 새봄이 왔다. 뜻이 있으면 길이 열린다고 했던가? 개미처럼 부지런히 일한 보람과 인덕人德으로 어두운 터널은 조금씩 길이 보이기 시작했다. 가게에 차츰차츰 손님이 늘어나기 시작한 것이다. 밥상도 없이 쟁반에 밥을 챙겨주었던 '진국' 도 가끔씩 잊지 않고 찾아왔다.

어느 날 해가 질 무렵 한 아주머니가 문을 열고 들어왔다. 아주머니는 상냥하고 예쁜 목소리로 구경하러 왔다며 이것저것 만져보면서 내게 고향과 부모님은 계시냐며 엉뚱한 얘기만 했다. 알고 보니 가끔 반찬을 챙겨다 주었던 그 할머니의 조카며느리였다. 그 할머니는 막내 아들과 살았는데 처음부터 나를 눈여겨보고 마음에 들어 했던 것이다. 그런데 차마 당신이 말을 못하고 조카며느리를 시켜 당신의 마음을 전한 것이다. 할머니의 막내 아들과 결혼을 하면 편안하고 풍족한 생활을 할 수 있었지만 나는 공부를 계속해 대학에 가고자 했던 꿈을 포기할 수 없었기에 할머니의 뜻을 거절할 수밖에 없었다.

어린 나이에 야무진 꿈을 안고 서울에 와서 비록 작은 꿈이었지만 꿈을 이루고 나니 이미 해는 서산에 걸렸고 붉은 노을만 강물에 흔들리고 있다.

살림살이를 정리하면서 버릴 것과 남길 것을 분류하면서도 쟁반은 손에 들고 쉽게 어느 쪽으로도 놓지 못하고 한참을 망설인다. 오십 년의 세월 속에 많은 사람들이 탐욕과 교만으로 내게 상처를 남기기도 했지만 쟁반은 언제나 나와 함께 해 왔다. 오랜 세월에 빛이 바래고 낡은 쟁반에는 주름진 나의 얼굴처럼 반점이 더덕더덕 붙어있다. 철 수세미를 들고 빡빡 닦아보지만 곱디 고왔던 옛날의 그 모습은 보이지 않는다. 그래도 깨끗이 닦아놓은 쟁반은 반짝반짝 빛이 난다. 쟁반에 얼비치는 내 얼굴을 보니, 마치 우리는 한 몸이 되어 잘 살아왔다고 다독이며 웃는 것 같다.

어두운 터널을 울고 웃으며 함께 걸어온 쟁반은 나의 애장품이 되어 오늘도 버리지 못하고 있다. 가족의 건강을 지켜주는데 없어서는 안 될 손수 담근 된장과 간장, 언니가 농사지어 보내온 고춧가루에, 참기름과 깨소금까지 소중한 양념통을 반짝이는 쟁반 위에 예쁘게 담아 다시 그 자리에 올려놓는다.

부처님, 하느님

우리는 여름휴가를 언제나 가족이 함께 간다. 이번에는 문경새재로 2박3일 휴가를 다녀오기로 했다.

큰며느리가 시집온 지 십 년, 작은 며느리는 팔 년이 되었다. 거기다 지난 겨울에 맞이한 새 사위도 막내 아들처럼 들떠있다. 아마도 객지에서 혼자 생활을 하다 보니 많이 외로웠나보다. 오늘은 새 사위 들어오고 처음으로 열한 식구가 연휴를 맞아 떠나는 중이다. 차창 밖으로 스쳐지나는 산과 들이 우리에게 싱그러움과 희망을 주고 꽃들도 미소지으며 손을 흔들어 환영을 하는 것처럼 보이는데 아련히 지난날이 겹쳐오면서 코끝이 시큰해진다.

나는 그날도 하루하루를 살아내기가 너무 힘들어 차를 몰고 무작정

달렸다. 흐르는 눈물을 주체할 수가 없었다. '어떻게 이 어려운 시기를 이겨내야 할지….' 눈물이 앞을 가려 길이 보이지 않아 차를 세웠다. 서대문을 지나 독립문이었다. 내가 서울에 처음 와서 오빠와 살았던 곳이다. 그때는 꿈이 있었기에 비록 가난했지만 힘들다는 생각을 하지 않았다. 새벽에 일어나 물통을 들고 공동수도가 있는 곳까지 뛰어가면 벌써 양동이 물통은 꼬리에 꼬리를 물고 내가 처음 서울에 올 때 타고 온 기차처럼 길게 늘어서 있었다.

오전 두 시쯤이니 새벽이라기보다는 한밤중이라 함이 더 옳을 것이다. 아예 밤잠을 설친 시간이다. 그때는 물 한통에 일 원을 주고 길어다 먹었다. 콩나물도 오 원어치 사면 하루를 먹고 살았다. 겨울 밤바람은 살을 에는 듯 추웠지만 그래도 희망이 있었기에 손과 발이 꽁꽁 얼어도 참을 수 있었다. 그러나 이제 희망은 없고 절망뿐이다. 남편은 동업은 성공하기 힘들다고 내가 그토록 반대를 했지만 친구와 동업을 하다가 실패했다. 금방 일확천금을 벌어다 줄 것처럼 하더니 한 철 장사에 모든 것을 날려버렸다. 엎친 데 덮친다고 큰아들은 대학마저 떨어졌다. 그뿐인가 다시 시험 공부하러 학원에 가던 아들이 가슴을 움켜쥐고 들어왔다. 숨을 쉴 수가 없다고 해서 동네병원에 갔더니 소견서를 써주며 빨리 큰 병원으로 가라고 했다. 종합병원 응급실에 도착하니 바로 수술 준비를 했다. 병명은 한번도 들어보지도 못한 '기흉' 이라고 했다.

'기흉' 이란, 성장하는 과정에서 모든 신체가 균등하게 자라주어야 하는데 키만 너무 자라서 허파에 무리가 왔다는 것이다. (즉 허파에 바람이 든 것이란다) 수술은 갈비뼈 밑을 마취도 안하고 뚫어서 호스를 꽂아 나쁜 분비물을 밖으로 내보내는 것이라는데 며칠 뒤 두 번째 수술을 했다. 그로인해 큰아들은 군대도 면제됐다. 이후 며칠이 지났을까, 둘째 아들도 똑같은 병으로 큰아들을 담당했던 선생님이 수술을 했다. 나는 유전일까 봐 걱정을 했는데 선생님은 유전은 아니라고 나를 안심 시켰다.

동업을 하다 실패한 것도 억울하고 아들이 대학에 떨어진 것도 가슴 아팠다. 그런데 두 아들이 똑같은 병으로 수술을 받다니, 이럴 수는 없었다. 정말 앞만 보고 열심히 착하게 살아왔는데. 부처님 하느님이 정말 계시는지 원망스러웠다. 내가 무엇을 잘못했기에 이렇게 큰 벌을 주시느냐고 따지고 싶었다. 끝없이 흐르는 눈물을 훔치고 있는데 얼핏 눈물사이로 사찰 간판이 보였다. 그쪽으로 차를 돌렸다.

언젠가 친구가 한말이 생각났다. 그 친구는 내 손을 꼭 잡더니

"힘들어 어떻게 사니?"

"나라고 이렇게만 살겠어? 좋은 날도 있겠지!"

하면서, 사실은 나 마음껏 소리 내어 울고 싶은데 울 곳이 없다고 했더니 그럴 때는 사찰 법당에 가서 실컷 울고 나면 속이 시원해진다던 친구말이 떠오른 것이다. 아무런 종교도 없이 그저 열심히 노력하면 되는 줄만 알고 살았던 나였다.

사찰에 도착하니 법당에는 아무도 없었다. 나는 어떻게 절을 해야 하는 줄도 몰랐다. 그저 두 손을 모으고 한다는 것뿐. 가슴이 미어지는 아픔을 삼키며 절을 했다.

"부처님, 하느님. 계시다면 말씀 좀 해주세요. 제가 무엇을 얼마나 잘못했나요. 죄가 있다면 저에게 벌을 주셔야지 애들이 무슨 죄가 있나요?"

하고 따져 묻는데 눈물은 뚝뚝 떨어져 마루바닥이 젖어갔다.

그때, 누가 내손을 꼭 잡으며 앉으라고 했다. 눈물을 훔치고 바라보니 스님이었다. 아침 공양을 올리고 기도를 다 했는데도 내가 계속 울고 있

어 나를 붙잡은 것이다. 스님은 조심스러운 듯이 말씀을 하셨다. 사연은 묻지 않겠다고 하시며 10년 전 스님도 위암 말기형을 받아서 삶과 죽음을 넘나들면서도 그래도 희망의 끈을 놓지 않고 오로지 부처님만 믿고 살았더니 이렇게 잘 살고 있다고 했다.

스님 말씀을 듣고 나니 내가 여기 엎드려 부처님 하느님을 따지고 있다니, 스님에 비하면 내 걱정은 아무것도 아니라는 생각에 잠시 내 자신이 부끄러워졌다. 스님은 다시 오라는 말씀을 남기고 자리를 뜨셨다. 스님의 뒷모습을 바라보니 봄바람에 나비가 날아가듯 가벼운 발걸음이 편안해 보였다.

스님과 약속 한 날이 되었다. 그날보다는 마음이 가벼웠다. 사찰에 도착하니 역시 스님은 기도 중이었다. 아무것도 모르는 나는 스님 옆에 앉아 흉내를 내고 있었다. 기도가 끝나자 스님은 두 손을 잡고 반겨 주셨다. 꼭 오리라고는 생각하지 않았는데 다시 찾아와서 고맙다고 하셨다.

스님은 미리 준비해 두셨던지 천주와 백팔염주를 선물이라고 주시면서 열심히 기도하다 보면 좋은 일이 있을 거라 했다. 그 뒤 나는 물에 빠진 사람이 지푸라기라도 붙잡고 싶은 심정으로 일요일 새벽마다 한 시간을 달려 이십 년이란 세월을 절에 다녔다. 그 스님은 종교를 모르고 살던 나를 불교신자로 인도하신 것이다. 지금은 어디에 계신지 알 수는 없지만 종교란 생각해보면 결국은 나를 다스리고 베풀며 살라는 진리가 아닌가 혼자서 생각해 본다. 지금도 힘들 때나 마음이 답답할 때는 사찰에 다녀오면 마음이 편안해진다. 그래서 모든 사람들이 불교든 기독교든 자기 취향에 따라 믿는 것이 이해가 되었다. 하느님 부처님이 계신다면 그날이 있었기에 오늘이 행복하다고 말하고 싶다.

아이들이 조용해졌다. 새벽잠을 설치고 나온 탓인지 다들 곤하게 잠들어 있다. 창밖이 온통 초록 천지인걸 보니 문경에 가까이 왔나보다. 저 천진스런 아이들과 초록세상에서 이틀 밤을 지내고 나면 찌든 마음도 파랗게 물들어 돌아갈 수 있을 것 같다.

광화문 나들이

모처럼 볼일이 있어 광화문에 나왔다가 일을 마치고 조용한 찻집에 앉아 과일 주스를 앞에 두고 확 트인 광화문 사거리를 바라본다.

십 년이면 강산도 변한다고 하더니, 서울 도심인 광화문은 못 보던 빌딩으로 가득 차 어제 다르고 오늘 다르게 급변하는 세상에 살고 있다는 게 실감이 난다. 어찌 강산만 변했겠는가, 까만 댕기머리를 하고 서울에 왔던 나도 세 아이의 엄마가 되었다. 그 세월, 험난했던 삶의 경쟁 속에서 살아남기 위하여 발버둥치며 살다보니 순박하고 청순했던 그때의 모습은 가뭇없이 사라져 버리고 오랜 세월의 흔적만이 훈장처럼 얼굴에 다닥다닥 붙어있다.

하지만 '뿌린 만큼 거둔다' 는 말처럼 나도 삼남매를 낳아 잘 키웠다고 말할 수 있을 만큼 잘 자라주었다. 그 애들이 지금은 천사 같은 손주들을 낳아 내게 선물로 안겨주었다. 덕분에 주말이면 손자손녀들과 함께 대식구가 모여 왁자지껄 하다보면 웃음소리가 담을 넘어 골목을 돌고 돌아 멀리멀리 메아리진다. 까만 댕기머리 소녀는 이제 반백이 되었고 얼굴의 잔주름은 버겁게 살아온 세월을 말해준다.

막 열여덟 살이 되던 해, 나는 서울에 왔다. 좌석도 없는 밤 완행열차를 타고 서울로 오는 동안 오빠는 동생이 걱정되었는지 올라오는 내내 서울은 눈 감으면 코 베어 가고 사투리 쓰면 흉본다는 말을 귀가 아프게 했다. 그래서 정말 사투리로 말을 하면 사람들이 흉을 볼까봐 얼마 동안 방에서만 살았다. 옆방 아주머니는 진종일 방에만 있는 내가 너무 궁금해서 참다못한 나머지 어느 날 손가락에 물을 묻혀 창구멍을 뚫고 살펴보았다고 몇 달 후에 이야기 했다.

서울은 남자도 살기 힘든 곳이라고 상경을 말리던 오빠에게 데리고만 가면 시키는 대로 말 잘 들으며 살겠다고 약속해서 어렵게 서울에 왔다. 그러나 막상 와서 보니, 오빠 말처럼 눈감으면 코라도 베어갈 것만 같았다. 꿈은커녕 하루하루가 무섭고 두려워 점점 생각이 많아졌다. 그래도 가난하고 희망이 없는 고향, 나는 '반드시 성공해서 찾아가리라!' 다짐하며 힘들어도 입술을 깨물면서 겉으로는 태연한 척 살았다.

서울살이를 시작하던 해, 고향에서 설날을 보내고 왔지만 아직도 겨울바람은 칼날처럼 날카롭게 불어와 온몸을 얼어붙게 했다. 그뿐인가, 난생 처음으로 만져본 수도꼭지는 전류가 흐르듯 손이 철썩 달라붙어 살갗이 찢어지는 느낌으로 나와 첫인사를 했다. 수돗물에 손을 넣어 걸레를 빨고 나니 빨갛게 변한 손은 감각이 없을 만큼 차가웠다. 오빠는 쌀을 한 됫박씩 사왔고, 새끼줄에 꿴 연탄을 두 장씩 사서 양손에 들고 왔다. 우리뿐만이 아니고 그때 사람들 생활은 거의가 다 그렇게 비슷비슷했다. 몇 년을 그렇게 갈증나는 생활이 반복되었다. 하지만 개구리처럼 웅크리고 살았다. 멀리 뛰기 위해서, 아니 어떻게든 꿈을 이루기 위해선 참아내야만 했다. 암흑처럼 어두운 밤, 자정이 가까워지면 싸~ 아 하는 바람소리와 함께 어김없이 들려오던 "메밀 묵 사려~ 찹쌀 떠~억." 하고 외치던 가녀린 소년의 목소리. 엄마가 그리워 소리 없이 눈물을 씻어 내던 시간들.

나와는 아무런 상관도 없는 듯이 시간은 흘러 어느 날 서울에 와서 처음으로 직장에서 만난 친구와 국제극장에서 상영하는 영화 〈정동대감〉을 보았다. 미모의 여주인공 김지미가 한쪽 손에는 보따리를 들고 또 한 손에는 어린 딸의 손목을 잡고 남편을 찾아 고갯길을 걸어가는 장면이 나왔다. 그때 〈정동대감〉 주제곡이 흘러나왔다. 떨어진 꽃잎을 보고도 슬퍼할 만큼 감성이 여렸던 우리는 손수건이 흠뻑 젖도록 울면서 영화를 보았다. 영화가 다 끝나고 극장에서 나올 때는 눈동자가 빨개져서 누가 우리들을 쳐다볼까봐 고개도 들지 못하고 푹 숙인 채 잰걸음으로 걸어 나오던 순박한 아가씨들이었다. 이제는 흔적도 없이 사라진 추억의 국제극장.

또한 이원 오십 전 하는 전차 요금을 아끼겠다고, 영천에서 정동 뒷길을 지나고, 광화문 사거리를 지나 을지로 3가까지의 길은 아침저녁 옆집에 사는 언니와 함께 걸었던 추억의 길이다. 그런데 추억의 전차와 국제극장은 흔적도 없이 사라지고, 넓은 교차로에는 번쩍번쩍한 차들만이 홍수처럼 밀려가고 밀려온다. 광화문 사거리 중심에는 세종대왕님이 보란 듯이 앉아 계시고 주위 곳곳에는 많은 빌딩들이 하늘이라도 찌를 듯이 우뚝우뚝 솟아 있다. 그러나 열기로 가득 찬 거리는 몸살을 하며 비틀

거리는 것처럼 보이고 가로수에 매달린 나뭇잎도 힘에 겨운지 고개를 숙이고 있다.

조용하던 찻집이 갑자기 왁자지껄 소란스럽다. 뒤를 돌아보니 코스모스처럼 가녀린 아가씨들과 바라만 보아도 듬직한 청년들이 몰려들어 간단하게 점심을 해결하려는 듯 나란히 줄을 지어 서 있다. 차례가 되면 두세 사람씩 작은 쟁반에 커피와 샌드위치를 들고서, 어떤 사람은 이층에서, 어떤 사람은 아래층에 앉아 도란도란 얘기를 하며 먹는다. 아마 직장 동료인 것 같다. 내 옆자리에도 아가씨 둘이 앉았다. 그들은 다이어트를 하는지 커피 두 잔에 샌드위치 하나를 들고 왔다. 그들의 해맑은 모습이 마치 나의 젊은 시절을 보는 듯해서 한참을 바라보았다.

서울에 온 지 오십 년이 흘러갔다. 소박하고 작은 꿈을 품고 상경했는데 이제는 그 꿈을 이루었다는 생각이 든다. 그러나 산토끼와 집토끼를 함께 키울 수는 없듯이 세월은 내 젊음을 갉아먹어 치웠고 텅 빈 가슴속은 차가운 바람이 후비고 지나간다. 옛시절을 회상하다 보니 잠시 쓸쓸해졌지만 그래도 잃은 것 보다는 얻은 것이 많았다고 스스로를 달래며 훌훌 자리를 털고 일어나 광화문 거리로 나선다.

학예회

한 해를 마무리하는 12월은 너도나도 모두가 바쁜 달이다.

출근하는 며느리도 평소보다 일이 많은지 둘째 아들 유치원 발표회에 참석을 못 할 것 같다며, 우리보고 대신 참석해 달라고 전화가 왔다. 할아버지 할머니를 아무리 좋아한다 해도 엄마 아빠만 할까마는 사정이 있다 하니 우리가 손자 학예발표회에 가기로 했다.

누구에게나 큰아이는 우선 순위에 있다. 우리도 큰손자가 발표회를 할 때는 열일을 제쳐두고 아들 며느리는 물론 우리 부부와 얘들 고모까지 온 식구가 함께 갔었다. 열 손가락 깨물어 안 아픈 손가락 없겠지만 둘째만 해도 한 아이를 키워본 경험이 있어 엄마들도 마음에 여유가 생긴다. 며느리도 바쁘긴 하지만 어떨 때는 큰 아이보다 성의가 덜한 것처럼 보여 둘째가 애처로울 때가 있다.

오늘은 유치원에서 일 년 동안 아이를 맡아 가르치면서 익히게 한 아이의 장기를 부모에게 보이고자 작은 체육관을 빌려서 발표회를 하는 날이다. 어떻게 알고 찾아왔는지 체육관 앞에는 일찍부터 꽃잔치가 벌어졌다. 나도 꽃을 사들고 안으로 들어가니 벌써 좌석이 꽉 차있다. 아직은 준비 중인지 아이들은 두리번두리번 엄마아빠를 찾느라 어수선했다. 우리 손자도 동그란 눈을 이리저리 굴리며 기웃기웃 하다가 눈이 나와 딱 마주치자 "할머니-" 하더니 안심이 되었다는 표정으로 쌩긋 웃고 아직은 준비 중인 무대 위에서 마구 뛰어논다.

똑같은 A형인 데도 큰손자는 차분하고 조용한 반면 둘째는 목소리부터 우렁차고 활달한 성격이다. 발표회는 원생수가 많아서인지 1부와 2부로 나누어 진행되었다. 몇 년 전 큰손자가 첫 발표회를 할 때는 무엇이 못마땅했는지 무대 위에 오르기 전부터 울기 시작하더니 끝나는 시간까지 내내 울기만 했다. 선생님도 안절부절 하다가 아이를 안고 함께 손을 잡고 율동을 하면서 달래보았지만 손자는 끝까지 울기만 했다.

누구나 첫째 아이는 세상에서 내 아들이 제일 잘난 양 기대가 크다. 며느리도 그렇게 기대가 컸으련만 울고 있는 아이를 끝까지 지켜보면서도 한 점 티 없이 웃어 보였다. 행사가 끝나고 우리는 모두 함께 저녁을 먹었다. 그 사이 며느리는 손자에게 울었던 이유를 귀에 대고 조곤조곤 묻고 있었다. 아이가 울었던 이유는 엉뚱한 것이었다. 우리 생각은 평소에 접하지 못했던 화려한 무대와 요란스런 마이크 소리에 놀라서 그러는가 생각했는데 아이는 상상 외의 말을 했다. 자기는 이제 다 컸으므로 기저귀를 차는 게 싫었는데 선생님이 억지로 기저귀를 채워서 울었다고 했다. 선생님은 아이들이 긴장해서 공연 중에 혹시 오줌이라도 쌀까 봐 미리 기저귀를 채웠던 것일 텐데, 손자는 아마도 자존심이 상했었나 보다.

세월은 흘러 이렇게 어리기만 하던 큰손자도 태권도를 몇 년 배우더니 이제 씩씩하고 용감한 초등학교 삼학년이 되었다.

동생은 형과 달리 네 살 때도 무대 위에 오르면서부터 혼자 신이 나 처음부터 끝까지 리듬을 타고 놀더니 오늘도 역시 아빠, 할아버지, 할머니를 불러가며 음악에 맞추어 율동과 함께 흥에 취해있다. 그 아이를 바라보니 막내딸 학예회를 하던 날이 생각난다.

딸이 일곱 살 되던 해 12월, 그때도 유치원에서 학예회를 했다. 그러나 지금처럼 무대나 의상이 화려하진 않았다. 딸은 갑순이 역할을 맡았다. 특별한 의상이 없던 시절 여자아이는 치마저고리를 입었고 남자아이 역시 바지저고리가 전부였다. 호화롭고 번쩍번쩍하지는 않았지만 색 고운 한복으로 차려입은 두 아이가 입장하는 동시에 그 당시 유행했던 민요인 '갑돌이와 갑순이' 노래가 흘러나왔다. 그 순간부터 두 아이는 엄마 아빠들의 눈길을 사로잡았다.

음악에 따라 무대에서 춤을 추던 두 아이는, '갑돌이와 갑순이는 모르는 체 했더래요.' 하는 노랫말와 동시에 두 아이가 등을 획 돌아서 서로 미는 동작이었는데, 딸이 엉덩이로 갑돌이를 얼마나 세게 밀쳤던지 갑돌이가 그만 굴러 넘어지고 말았다. 엄마들은 그 모습을 보고 폭소를 날렸고 넘어진 아이는 엉거주춤 일어나더니 그래도 끝까지 마무리하는 모습에 기특하고 너무 귀여워서 또다시 엄마들은 기립박수를 보내며 앵콜-앵콜- 하는 소리에 작은 공간이 들썩거렸다. 선생님들도 기분이 좋아서 아이들에게 앵콜까지 시켰던 그날의 모습이 눈에 선하다. 무대는 초라했는지 몰라도 초롱초롱한 눈망울이 순수했던 아이들, 그 자체만도 부모들에게 큰 선물이었다.

지금 우리 아이들은 눈이 부시도록 화려한 무대와 호화로운 무대복에 싸여있어서 어느 아이가 내 아이인지 분별하기조차 어렵다. 선생님들이 일 년 동안 가르치고 보살핀 모든 것을 오늘 하루, 아니 몇 시간 안에 학부모에게 보여줄 수 있는 기회이고, 부모들은 내 아이가 이 세상에서 최고로 멋지게 보이고 싶어서 흡사 만화영화에서나 볼 수 있을 듯한 옷을 많은 돈을 들여 입히고 발표회를 한다. 요즘 세대들은 아이들에게 아낌없이 투자를 하기 때문에 키즈사업은 망하지 않는다는 말이 있을 정도이다.

그런데 1, 2부로 나누어 네 시간에 걸쳐 세 살부터 일곱 살까지의 아이들이 음악에 맞추어 율동을 하지만 거의가 외국 노래이고 우리 노래는 겨우 두 곡뿐이었다. 우리 가락이 좀 더 많았더라면 하는 아쉬움과 함께 딸아이의 소박했던 학예회 차림새가 더 생각나는 것은 그래도 내 새끼가 최고여서일까?

미안하다 고맙다

창 밖에 소복소복 내리는 눈송이는 풍년을 약속하는지 앙상한 감나무에 간지럽게 내려앉는다. 그해 겨울도 이렇게 많은 눈이 내렸다.

바쁜 걸음으로 뚜벅뚜벅 병원을 찾았다. 어머니의 두 손을 꼭 잡아 본다. 흡사 어린아이 손처럼 부드러운 느낌에 가슴이 저려온다. '이 조그마한 손으로 칼날처럼 무서운 가난을 이겨내셨구나!

"누구냐?"

"누구인지 알아맞혀 보세요."

한참을 이리저리 만져보시더니

"경완엄마로구나."

하시면서 어머니는 나에게

"고맙다. 자주 와 주어서 고맙고, 잘 살아주어서 고맙고."

하셨다.

내가 시집을 왔을 때 어머님은 오십이셨고 얼굴은 갸름하셨고, 가녀린 몸매에 언제나 화사하게 화장도 하시고 머리도 정갈하게 드라이 손질을 하시는 고운 분이셨다. 그렇게 깔끔하게 하지 않으시면 아버님이 야단하셨다고 했다. 그래서 아무리 바빠도 어머니가 화장하시고 머리를 손질하실 때는 부르지 않으셨단다. 그러시던 분이 당뇨병으로 8년 정도를 앓으시다가 합병증으로 눈이 실명되셨다. 지금 같으면 의술이 좋아서 얼마든지 고칠 수가 있으련만 그때만 해도 그렇지를 못했는지 아니면 우리가 너무 몰랐는지 어찌됐든 실명을 하시면서부터 병은 점점 악화되었고 끝내는 병원신세를 지게 되었다. 워낙 음식솜씨가 좋은 분이라서 병원 음식은 맛이 없어 먹을 수가 없다며 집에서 끓인 죽이 드시고 싶다하여 나는 선뜻 끓여다 드린다고 했다.

하지만 매일 한 가지 죽만 갖다드릴 수 없어서 호박죽도 쑤어보고 고기죽, 녹두죽, 팥죽, 야채죽. 번갈아 가면서 죽을 들고 병원으로 출근을 하다시피 했다. 큰동서는 농장을 했기에 낮에는 내가 간병을 하고 큰동서는 저녁식사를 하고 병원에 오셨다가 남편이 퇴근을 하면 그때 집에 가셨다. 어머님은 그렇게 3년 정도 병원생활을 하시면서 마지막 준비도 몇 번을 했었다. '긴병에 효자 없다' 고 모든 식구가 지쳐갔지만 그래도 어쩌랴.

그날도 나는 죽을 들고 병원에 가서 손을 꼭 잡아드리니 언제나 똑같은 목소리로 "누구 손이냐" 하시며 쓰다듬어 주셨다. 나 역시 똑같은 말로 "누구인지 알아맞혀 보세요" 하니 경완엄마구나 하시면서 고맙다 하셨다.

"어머니는 뭐가 그렇게 늘 고마우세요?"

하고 여쭤보았더니 아들이 너무나 순해서 제 밥도 못 찾아 먹을 줄 알았는데 너를 만나 잘살고 있으니 마음이 놓인다고 하시며 손을 토닥토닥 하시던 어머니. 거머리처럼 달라붙은 병마를 이기지 못하고 육십 둘이란 아까운 연세에 그토록 긴긴 투병생활에도 어머님만을 사랑하시던 아버님을 홀로 두고 저세상으로 가셨다.

몇 년 동안 앞을 못 보시는 어머님의 손발이 되셔서도 잉꼬부부처럼 건강하게 지내시던 아버님은 어머님을 떠나보내신지 2년이 지나기도 전에 병을 얻으셔서 우리는 또다시 아버님 간병을 해야 했다. 아버님은 폐암이란 무서운 선고를 받으시고도 처음엔 혼자서 거뜬히 병원 출입을 하셨고 병원에서도 몇 년은 살 수 있다고 했는데 단 몇 개월도 참지 못하시고 어머님을 따라 저세상으로 가셨다.

아버님이 병원에 입원을 하시면서 어머니와 똑같이

"나는 병원 죽은 먹기 싫다."

하셨는데 이번에는 차마 "제가 죽 끓여 드릴게요!" 그 한 마디를 못 했다. 어머님의 기나긴 간병에 지쳐서 그랬는지, 나는 죽 한번 끓여 드리지 않은 야박한 며느리가 되어버렸다. 아버님께서 돌아가신 후 그게 한이 되어 얼마를 울었는지 모른다. 그래도 아버님은 내가 병원에 찾아가면 언제나 환한 미소를 지으시면서

"작은 애야. 너한테는 정말 미안하다. 너무나 해준 것이 없어서…."

하셨다. '아니에요. 아버님은 제가 더욱 강하게 살아갈 수 있는 힘을 주신 걸요!' 하는데 지나간 세월이 가슴을 아프게 때리고 간다.

내가 부모님 나이가 되어보니 이해가 된다. 한없이 착한 아들이 어머님 마음엔 언제나 걱정이 되었을 것이다. 아버님 역시 숟가락 하나 챙겨

주지 못한 며느리를 볼 때 마다 얼마나 불편하셨기에 병실에 계실 때 몇 번이고 '미안하다 둘째야' 하시면서 천장을 바라보셨을까?

암중에서도 폐암은 진행이 너무 빨라서 그렇게 쉽게 가신다는 것을 그때는 몰랐다. 링거를 꽂고 중환자실에서 얼마를 계셨을까, 결국에는 링거마저 들어가지 못할 정도로 온몸이 부어 얼굴 형태마저 차마 볼 수가 없게 되어버렸다. 숨을 거두신 아버님을 부둥켜안고 얼마나 울었는지.

사람의 정이란 미운정 고운정이 알게 모르게 든다는 것도 그때서야 알았다. 마지막 하루까지도 못해드린 것 같아서 마음이 아파오는데 자식을 위한 부모 마음이 얼마나 무거웠으면 병실에 계시면서도 '고맙다', '미안하다' 그 말씀을 몇 번씩이나 하셨는지….

종일 내릴 것 같은 눈송이를 바라보니 그 겨울 소복이 내린 눈 속에 눈을 감으신 아버님 어머님의 온화하고 따뜻한 모습이 떠오른다.

초보는 용감했다

우리 애들이 초등학교 시절, 모처럼 주말 나들이를 하기 위해 아이들 셋을 데리고 택시를 잡기는 힘든 일이었다. 어렵게 택시를 잡아도 인원 초과라고 그냥 가버렸다. 그래서 식구끼리 나들이를 갈 때도 즐거움보다는 걱정이 먼저 앞섰다. 그러나 우리 부부는 운전을 배울 용기가 없었다.

1984년, 그때는 택시가 귀해서 사람이 여럿이면 합승이 어려웠기 때문에 운전기사들은 우리 가족을 피해 달아나 버리곤 했다. 정부에서 때로 단속도 했지만 그때뿐이었다. 택시를 몇 대씩 보내다가 마음 착한 기사를 만나면 한 차에 탈 수 있는 행운도 있었다. 그러나 그런 행운은 어쩌다 있는 일이었고 대체로 두 대에 나누어 타고 목적지에서 만나야 했다.

어느 날 남편이 생활비를 목돈으로 주었다. 나는 여러 번 망설이다가 자동차 학원을 향했다. '이번에는 운전을 꼭 배우고 말리라' 다짐하면서. 그런데 막상 학원에 도착하니 집에서 나올 때와는 달리 겁이 났다. '과연 내가 운전을 할 수 있을까?' 나는 두려움에 그냥 돌아서 나오다가 잠시 생각했다. 여기까지 왔는데 이대로 그냥 돌아간다면 운전은 영원히 배우지 못 할 것 같았다. 다시 발길을 돌려 학원으로 들어갔다. '남들이 배우는 걸 구경이라도 하고 가자!' 라고 생각했다.

운전을 배우는 사람들 중에는 젊은 사람도 많았지만 나이 든 사람도 있었다. '그래, 저 사람들도 배우는데 나라고 못 하겠어?' 용기를 내어 사무실로 들어갔다. 아가씨는 자세히 설명해 주었다. 면허증은 한 달이면 거의 딸 수 있지만 어쩌다 간혹 한 달에 못 따는 사람도 있다고 했다. 그렇게 무서운 운전을 일 년도 아니고 한 달에! 나는 믿을 수 없어 몇 번을 되물어 보았다. 아가씨는 내가 답답했는지

"평소에 무슨 운동하세요?"

"테니스를 치는데요."

했더니 그럼 충분히 할 수 있으니 후회하지 말고 등록하라고 했다.

등록을 하고 하루 이틀이 지나고 삼 일째 되던 날, 실제로 전진과 후진을 한다고 생각하니 가슴은 쿵쾅쿵쾅 요란하게 뛰었고 입술은 쩍쩍 달라붙었다. 그래도 한숨을 몇 번 크게 내쉬고 운전석에 앉아 전진을 하다가 앞에 타이어로 막아놓은 장애물을 쾅 들이받았다.

"아줌마, 이것도 못 하세요?"

조교가 소리를 질렀다. 나는 배우는 학생이란 생각을 잊은 채

"아, 못 하니까 배우러 왔지, 내가 잘 하면 뭐 하러 왔겠어?"

했다. '오는 말이 고와야 가는 말도 곱다' 고 아무리 배우는 학생이라고 젊은 사람이 소리 지르니 나도 화가 나서 말은 그렇게 했지만 미안하기도 하고 자존심도 상했다.

아가씨 말대로 하루 이틀 날이 갈수록 두려움은 조금씩 사라졌다. 그런데 실기만 합격하면 되는 줄 알고 열심히 배웠는데 강사 말이 필기를 먼저 합격해야 실기 시험을 볼 수 있는 자격이 주어진다고 했다. 그것도 모르고 나는 실기부터 배웠던 것이다. 그래서 실기를 중단하고 필기시험을 접수했다. 그러나 준비 없이 시험을 본 나는 한 문제 차이로 떨어졌다. 그것도 같은 학원에 다니는 남자와 같이 시험을 보았는데 그 남자는 합격했다. 그 남자는 자기가 공부했던 문제집을 많은 사람들 앞에서 내게 주었다.

"다음에는 꼭 합격하세요."

하면서. 시험에 떨어진 것도 약 오르고 창피한데 많은 사람들 앞에서 문제집을 주고 간 그 남자는 더 얄미웠다. 나는 화가 나서 두어 정거장을 걸었다. 오빠는 내가 운전을 배운다고 했더니 필기시험은 상식 문제라 쉽다고 해서 그 말만 믿고 갔는데 내가 경솔했던 것이다.

시험에 떨어지고 난 후 그 남자가 준 문제집으로 며칠 밤낮을 공부해서 필기시험에 합격했다. 12월 20일, 실기시험을 보는 날이다. 시험 감독은 크리스마스 선물로 모두 합격하라고 했다. 하지만 나는 합격은 감히 상상도 못했다. 내 뒤에 섰던 아저씨가 일곱 번이나 떨어졌다고 했기 때문에 포기하고 시험을 보았다. 나는 아주 조심스럽게 실기시험을 보았고 시험이 끝난 뒤 아무 생각 없이 다른 사람들이 운전하는 모습을 구경했다. 그런데, 옆에 서 있던 여자분이

"아줌마, 합격했다고 부르잖아요."

해서 깜짝 놀라 상황실로 뛰어갔다. 상황실에 있던 직원은

"아줌마, 한 번에 합격했으니 미제 담배 한 보루만 사 주고 가세요."

한다. 나는 그 경황없는 와중에도

"아니 사람이 국산인데 무슨 미제요? 국산을 피워야지."

하고 청자담배 한 보루를 사 주고 왔다. 그렇게 어렵다던 운전 면허증을 쉽게 취득한 나는 하늘을 날듯 한 기분이었고 그 후 새가슴이 되어 연수를 몇 번 했다.

그 이듬해 3월 24일, 아들 퇴소식에 버스를 타고 가자는 남편 말을 거역하고, 짐이 많다는 이유로 용감하게 운전을 하고 길을 나섰다. 강원도 날씨가 변덕스러운 것도 모르고, 오음리 고개를 넘어야 하는데 고개를 눈앞에 두고 눈이 내리기 시작했다. 서울 날씨가 봄날 같아서 체인도 준비하지 않고 아들을 만날 생각에 마음만 들떠 차를 몰고 나왔는데 눈앞이 깜깜했다. 그렇다고 집으로 돌아갈 수도 없었다. 그래, 차 시동만 꺼지지 않게 기어를 1단에 놓고 천천히 가자라고 결심했다. 초보 운전은 평지에서도 후진은 어려운데 여기는 길이 꼬불꼬불해서 절대 후진은 할 수 없었다. 눈은 점점 펑펑 쏟아졌다. 옆에 앉아있던 남편은 버스 타고 가자니까 차를 가지고 오더니 눈길을 어떻게 갈 거냐고 몇 번을 야단쳤다. 나는 듣다 못해

"아, 죽어도 같이 죽을 테니 걱정 말아요."

하고 억지 말을 했지만 내 머리는 가시라도 꽂아 놓은 듯 머리카락이 쭈뼛쭈뼛 섰다.

어렵사리 정상에 도착했는데 벌써 안전요원이 나와서 모든 차에 체인을 걸고 내려가라고 했다. 나는 체인도 없었다. 일단 한숨 돌리고 체인을 걸고 가는 차 뒤를 천천히 따라가기로 했다. 그런데 앞차들은 체인을 걸더니 미끄러지듯이 달려갔다. 기다시피 한 시간을 내려오니 거기에는 눈 내린 흔적도 없었다. 변덕스런 날씨 때문에 옹골지게 고생하며 아들을 보고 왔다. 자식이 뭔지, 그래도 초보는 용감했다.

암흑의 터널

성난 태양의 몸부림도 지쳐서 꼬리를 내렸다. 그 틈을 비집고 아침저녁으로 차가운 바람이 옆구리를 헤집고 파고든다. 들녘의 누런 벼는 수줍은 아가씨처럼 고개를 숙인 채 농부들의 손길을 기다리고 있다. 사업이란 바람 앞에 촛불과 같아 언제나 위험이 도사리고 있어서 마음을 졸이며 살아야 한다. 그런데 아들과 며느리가 그 길을 가고있다.

지금은 옛날과 달라서 도매보다 소매가 많지만 그것도 인터넷 쇼핑몰의 홍수에 밀려 힘들기는 마찬가지다. 그래도 계절이 바뀔 때는 며느리도 새로운 샘플을 준비하느라 밤잠도 설치고 일을 한다. 나는 거들어 주고 싶은 마음에 일감을 손에 잡았다. 그러나 얼마가지 않아 눈이 시리고 아프더니 눈물이 주르르 흘러내렸다. 나는 시력이 좋은 편이라 여태 안경도 쓰지 않고 잘 버텼는데 이제는 사물을 조금만 오래 들여다 보아도 통증과 함께 눈물이 맺힌다. 그래서 눈의 피로를 풀 겸 창 너머 먼 산을 바라본다.

삼십 년 전 우리는 더 이상 물러 설 수도 없는 낭떠러지로 추락했다. 가진 것 모두를 잃었지만 가족이 있어 산비탈 작은 집에서도 웃음꽃을 피우며 살았다. 겨울이면 마루에 피워놓은 무쇠난로 위에다 노란 냄비에 총각김치를 담아 멸치 몇 마리 넣고 기름도 조금 부어 난로 위에 올려놓으면 지글지글 마냥 끓었다. 학교에서 돌아온 아이들은 손을 호호 불면서 난로가에 서서 젓가락에 총각김치를 찍어 밥 한 공기에 추위와 배고픔을 달래면서도 마냥 즐거워했다. 그러던 어느 날 오후 전화벨이 울렸다. 큰아들의 담임이었다.

"어머님, 경완이가 사고로 눈을 다쳤는데 빨리 학교로 오셔야겠습니다."

하고 전화는 끊어졌다. 정신이 몽롱해지며 머리가 하얗게 흔들렸다. 다른데도 아니고 눈이라니, 장님은 태어날 때부터 장님인줄 알았는데 내 아들이 장님이 될 수도 있다는 게 믿어지지 않았다. 수많은 생각에 흐트러진 머리를 세차게 흔들어 정신을 차린 후 옆집 쌀가게로 허겁지겁 뛰어갔다.

"아저씨, 빨리 나 좀 학교에 태워다 주세요. 우리 아들이 사고가 났대요."

했더니, 그 말을 듣던 아저씨가 더 바빴다.

"아줌마 내 허리를 꼭 잡으세요."

하고 말이 떨어지기가 무섭게 부르릉 소리를 내면서 오토바이는 바람처럼 날아갔다. 사람이 급하면 보이는 것이 없다고 평소에는 남의 자전거 뒤에도 못 타던 내가 남의 아저씨 허리를 붙들고도 창피함과 무서움을 느낄 겨를도 없이 오직 아들이 무사하기만 빌었다. 사고가 난 것은 오후, 체육 수업을 하기 위해 담임은 학생들에게 먼저 운동장에 나가 준비를 하라고 했다. 그런데 한 아이가 장난삼아 돌멩이를 야구방망이로 쳤는데 그 돌에 아들 눈이 맞았던 것이다.

학교에 도착해 보니 담임은 다친 아이를 빨리 병원으로 옮겨야 했음에도 불구하고 세워둔 채로 의료보험증이 있는 학생을 찾고 있었다. 담임은 치료비 걱정부터 했던 것이다. 나는 두 눈을 감고 서 있는 아들을 보는 순간 이성을 잃고 담임에게 소리를 질렀다.

"선생님, 지금 뭐 하십니까? 빨리 아이를 병원으로 옮겨야지요."

하고서 어느 병원으로 간다는 말만 남기고 아들 손을 잡고 미친 사람처럼 도로 중앙으로 뛰어들어 택시를 잡았다. 이미 택시 안에는 손님이 타고 있었는데도 택시기사는 우리를 먼저 병원 응급실로 태워다 주었다. 택시 요금은 주었는지 안 주었는지 기억도 없다.

병원에 도착한 나는 의료보험증은 뒤에 가지고 온다하고 접수를 했다. 접수를 하자마자 의사와 간호사는 아들을 침대에 누이더니 바쁘게 움직였다. 심상치 않음이 분명했다. 초조한 시간이 얼마나 흘렀을까, 응급실 문이 열렸다. 의사는 떨고 있는 나에게 말했다. 눈동자에 피가 많이 고여 있어 지금은 앞을 볼 수 있다 없다를 말할 수 없으니 마음을 진정하고 기다리라고 했다. 하늘이 무너져 내리는 것 같았다. 나는 의사선생님의 손을 붙들고 매달렸다.

"선생님, 그저 앞만 볼 수 있게 해주세요. 시력은 좀 떨어져도 괜찮아요."

그러나 그저 기다리라는 말만 남기고 의사는 응급실로 들어갔다. 초조한 마음에 자꾸만 응급실 문을 두드렸지만 매번 들려오는 대답은 기다리라는 말뿐이었다.

담임은 해가 뉘엿뉘엿 저물어 갈 무렵 아들과 비슷한 아이의 의료보험증을 들고 와서 고개를 숙인 채 죄송하다는 말만 반복했다. 담임이 밉기도 했지만 측은하기도 했다. 십 년 같은 하루가 지났지만 의사는 그저 기다리라는 말뿐이었다. 멀쩡하던 아이가 장님이 될지도 모른다는 생각에 며칠 밤을 뜬 눈으로 새웠다.

불안하고 초초한 마음을 다잡기 위해 뜨개질을 시작했다. 유난히 잠이 많아 조상님 산소에 묘를 잘못 쓴 게 아니냐고 엄마에게 푸념까지 했던 내가 뜬눈으로 아들 병간호와 뜨개질을 하며 긴긴밤을 견디어 냈다. 의사는 아들이 입원하던 날부터 며칠 동안은 일어나거나 움직이지도 못하게 했다. 치료 할 때는 의사가 직접 올라왔다.

하루에도 몇 번씩 야산을 오르락내리락 뛰어다니며 친구들과 산딸기를 따 먹으며 지칠 줄도 모르고 놀던 아들이었다. 그런데 두 눈에 안대를 하고 누워있으니 얼마나 답답한지, 수시로 발로 벽을 차기도하고 주먹으로 치기도 하며 소리소리 질렀다. 그렇게 악몽 같은 4일이 지나자 의사가 말했다.

"다행히 망막은 터지지 않아 앞은 볼 수 있으니 이제는 안심하세요."

했다. 그렇게 암흑 같은 터널을 빠져나오는데 4일이 걸렸지만 십 년이라도 걸린 듯 멀게만 느껴졌다. 앞을 볼 수 있다는 의사의 말 한 마디에 환호성을 질렀고 간호원은 다치지 않은 한 쪽 눈의 안대를 일주일 만에 풀어주었다. 한 쪽 눈을 뜬 아들은 광명을 찾은 듯이 기뻐했고 우리에게는 눈의 소중함을 뼈저리게 느끼게 하는 계기가 되었다. 담임선생님 얼굴에도 작은 미소가 감돌았다. 철없는 아이들의 잘못으로 죄의식에 빠져 몸 둘 바를 모르던 담임선생님에게, 나는 밤을 새워 한 올 한 올 손으로 짜서 완성한 조끼에다 미안한 마음까지 담아 예쁘게 포장해서 선물로 드렸다.

내 아이가 다친 것이 선생님 책임이 아님에도 불구하고 자식 일이라면 눈에 보이는 것이 없는 모든 엄마들의 마음을 이해하시리라.

하늘의 별을 따라고 하세요

TV에서 내일이 수능시험이라며 보도가 요란하다. 따뜻했던 날씨도 수능시험 때를 어떻게 아는지 바람이 불며 추워진다. 동장군이 먼저 알고 찾아오는가 보다. 날씨가 따뜻해도 학생들은 긴장해서 움츠리며 떨게 되는데, 반갑지 않은 동장군까지 가세해서 이중으로 떨게 한다.

이십삼 년 전 수능시험을 위해 나는 아침 일찍 둘째 아들을 차에 태우고 수험장으로 갔다. 차가 밀려 늦을까봐, 아침밥과 국을 보온병에 싸 가지고 가서 차 안에서 먹으라고 했다. 하지만 시험을 봐야하는 긴장감에 아들은 밥을 별로 먹지 못하고 시험을 보러 교실로 들어갔고, 나는 초조한 마음에 추위도 잊은 채 주변을 서성거리며 점심시간까지 기다렸다. 그러나 아들은 점심도 별로 먹지 못한 채 시험을 보았다.

시험 결과는 나빴다. 평소보다도 훨씬 낮은 점수를 받은 것이다. 하늘이라도 무너진 듯 충격이 컸고 그날부터 집안 분위기는 무겁게 가라앉았다. 대학을 골라서 갈 수 있을 거라던 선생님의 생각은 빗나갔다. 막상 원서를 넣으려니 서울에는 넣을 곳이 없었다.

큰아들이 말했다. 동생이 지방 대학에 원서를 넣으면 장학금을 받아 공부할 수 있을 거라며 낮추어 넣자고 했다. 대학생이 둘이면 우리 생활에 힘이 든다며 나와 동생을 설득했다. 그래서 지방 대학에 원서를 넣기로 했다. 그러나 선생님은 지방 대학에 보내기는 아까운 학생이라며 일단 오늘이 마감이니 S대학에 원서를 넣어보기나 하고 지방대학은 다음에 원서를 넣자고 했다. 나는 담임선생님이 원망스러워 미운 마음에

"차라리 하늘의 별을 따라고 하시지 그러세요?"

했더니 담임선생님은 그래도 기본이 있는 학생이니 본고사에 승부를 걸자고 했다.

몇 년을 학원과 학교를 다니며 공부했던 아들이 고3이 되더니 학원은 가지 않고 혼자 공부하겠다고 했다. 불안한 마음에 담임선생님을 찾아가서 부탁했다. 학원을 다닐 수 있게 아이를 설득해 달라고, 선생님은 이제는 혼자 정리하며 공부해도 된다면서 혼자 할 수 있도록 지켜보자고 했던 것이다. 그런데 성적이 나오고 막상 원서를 넣으려니 넣을 데가 없었다. 선생님은 본고사에 승부를 걸자며 아들에게 S대학 원서를 써 주면서 기다렸다가 제일 약한 과에 넣으라고 했다. 그 당시는 눈치작전이 아주 치열했던 때였다.

점심을 먹고 S대학에 도착했는데 아들 공부 못한 것이 마치 선생님 탓인 것처럼 원망스러웠다. 많은 학생과 학부모가 눈치작전을 하느라 서성거리고 있는데 한 학생이 잔디밭 위에 앉아 원서를 쓰고 있는 모습이 눈에 띄었다. 옆으로 가서 곁눈으로 보았더니 전자공학과를 거침없이

쓰더니 들고 갔다.

나는 아들에게

“저 학생은 전자공학과를 쓰던데.”

했더니 잠시 후 아들이 없어졌다. 한참 후에 오더니 집에 가자고 했다.

“원서는 어떻게 하고?”

“원서요? 전자공학과에 넣었어요.”

“아니 전자공학과가 네 자리를 남겨 놓았대? 선생님이 끝까지 기다렸다가 제일 약한 과에 넣으라고 몇 번을 말했는데, 공부는 거지같이 해놓고 뭐가 그렇게 당당하니?”

소리를 지르고 나서 허탈한 마음에 한참을 먼 산만 바라보았다.

엎친 데 덮친다고 집으로 오는 길에 접촉 사고까지 났다. 좌회전을 받아야 청계고가를 탈 수 있어서 1차선으로 들어가려는데 양보를 해주지 않았다. 결국 사이드미러가 서로 부딪혔다. 그 기사는 내가 운전을 잘 못했다고 일방적으로 큰소리를 쳤다. 결국 나도 참지 못하고 목소리가 높아져서

“아저씨가 이 길을 다 샀어요? 양보도 할 줄 알아야지.”

하고 큰소리로 대거리를 하자 차 안에서 상황을 보고 있던 사람이 내려오더니

“차는 괜찮습니까?”

하고 점잖게 말했다. 그 한마디에 나는 차는 괜찮은데 저 아저씨가 기분 나쁘게 말을 해서 나도 큰소리가 나왔다며 다소 수그러졌다. 우리는 서로 죄송하다고 인사하고 헤어졌지만 그래도 무거운 마음으로 청계고가를 타고 오는데 늑대처럼 말없이 앉아있던 아들이 한 마디 했다.

“엄마, 저 차가 무슨 차인 줄 아세요?”

"내가 그걸 어떻게 알아?"

했더니 경찰 간부 차라고 했다. 종로에서 빰 맞고 한강에다 화풀이한다더니, 내가 아들 원서 넣을 때부터 쌓였던 감정을 다스리지 못하고 조그만 접촉 사고에 쌓였던 감정이 폭발했던 것 같다. 그것도 감히 경찰차에게-

발표 날이 왔다. 전화로 확인을 해보았는데 예상대로 떨어졌다. 그래도 아쉬움에 무거운 발걸음으로 S대학까지 찾아가서 벽에 붙은 합격자 명단을 확인했지만 아들 이름은 눈을 비비고 찾아도 없었다. 발길이 천근이었다. 정말 지방대를 보내야 한다고 생각하니 아들보다 담임이 더 미웠다. 남들은 지방에서 공부하러 서울로 오는데 우리는 서울에서 지방으로 보낸다고 생각하니 견딜 수가 없었다. 큰아들은 그래도 대기자 명단에 있으니 희망이 아주 없는 것은 아니라며 나를 위로했다. 하지만 그 말이 내 귀에 들어올 리가 없었고 집안 분위기는 더 무겁게 가라앉았다.

며칠 뒤 밤 두 시경에 전화벨이 울렸다. S대학 서무과라며 오늘 오후 다섯 시까지 등록을 하지 않으면 합격이 취소된다면서 전화 받는 사람 음성을 녹음해야 한다며 어떤 관계냐고 물었다. 전화를 끊고 나는 아들이 합격했다고 큰소리로 외쳤다. 내 소리에 놀란 큰아들은 엄마가 너무 신경을 써서 꿈을 꾼 거 아니냐며 은근히 걱정을 하는 눈치였다. 대기 순위에 있던 아들은 선생님 말처럼 본고사를 잘 보았는지, 아니면 몇 몇 학생이 다른 학교를 선택해서 자리가 비었는지 아무튼 합격을 한 것이다. 합격통지서를 집으로 보냈다는데 그 귀중한 엽서는 공중에 떠서 어디론지 사라졌다. 그래서 등록 마지막 날까지도 합격한 것을 모르고 등록을 안 하고 있으니 서무과에서 그 밤에 전화를 했던 것이다.

우리가 그렇게 요란스럽게 하늘의 별이라도 땄던 것처럼 기뻐했던 날이 엊그제 같은데 그 아들이 벌써 사십이 넘었다. 수능 시험을 볼 때는 학생이나 학부모나 똑같이 움츠리며 떨게 되는데, 동장군은 올해도 내일이 수능 시험인 줄 어떻게 알았는지 어김없이 찾아와서 수험생과 학부모의 마음을 더 얼어붙게 한다.

수험생들아, 힘내렴!

용서해 주세요 아버님

아버님.

아버님이 저희 곁을 떠나신지 벌써 15년의 세월이 지났습니다.

지금도 큰집에 들어서면 언제나 웃으시며 "그래 둘째 왔냐?" 하시던 그 모습이 눈에 선합니다.

어머님과 아버님께서 안성에 계실 때는 두 며느리가 내려가면 이 세상에 당신 며느리만 있는 것처럼 밤늦은 줄도 모르고 이야기꽃을 피우셨습니다. 그 중에서도 선반에 올려있는 상자를 가리키며 저 속에는 아직도 땅 문서가 가득 있다며 이북에서는 부자로 사셨는데 피난 내려와 수많은 고생을 하시며 외롭게 살아온 이야기와 그래서 남다르게 너희들이 예쁘다는 아버님 말씀이 지금도 새롭습니다. 그때는 밤늦도록 잠도 못 자고 아버님 말씀을 들으면서 속으로는 '이젠 그만하셨으면-' 하는 생각도 했습니다.

그러던 어느 해 당뇨병을 앓고 계시던 어머님 병환이 점점 위중해지시더니 끝내 돌아가시고 아버님마저 폐암이라는 엄청난 선고를 받으셨지요. 그래도 처음 한 달은 병원에 계셨지만 혼자서 모든 거동을 다 하셨고 의사 선생님도 희망은 있다고 하셨지요. 그래서 그다지 큰 병은 아닌가 보다 하는 생각도 들었답니다.

아버님.

이제 와 생각하니 제가 얼마나 철이 없었는지 부끄럽고 후회스럽습니다. 그리고 한 달 뒤 결과가 좋아 퇴원해서 아버님을 모시고 큰집으로 가면서 보니 몹시 야위셨더군요. 야윈 몸을 회복하려면 곰국이라도 드셔야 될 것 같아서 며칠 후 소꼬리를 사들고 갔더니. 아버님이 무척 좋아하셨지요. 그 모습이 지금도 눈에 선합니다. 그 모습 하나하나가 저에 대한 사랑인 것을 그때는 미처 몰랐습니다.

그러던 어느 날 "작은 애야. 아무래도 다시 입원을 해야겠다." 고 하셨지요. 그 길로 입원하고 치료에 들어갔지만 아버님은 점점 병이 깊어 가시더니 결국에는 대소변도 받아내야 했는데 그 상태에서도 그 모습을 며느리에게 보이지 않으려고 손자에게 부탁을 하시기에

"아버님. 제가 아이 셋을 키웠어요." 했더니

"미안하구나!'

하시며 고개를 돌리셨지요. 그 뒤 20여 일이 지나던 날 아버님은

"애야. 오늘은 광호가 내 옆에 있게 해라."

고 하시는 것을 평소처럼

"아버님. 제가 있을게요. 경완 아빠는 돈 벌어야지요."

라고 대답했지요. 그리고 나서 시숙님이 다리 수술을 했는데 며칠이

지나도 비몽사몽이라기에 잠시 다녀왔는데 그 사이 간호사가 환자에게 금식을 시켰고 아무리 목이 마르다고 해도 물도 주지 않았다며

"애야 물 좀 다오!"

하셨지요. 그 하루가 오늘도 제 가슴을 이렇게 아프게 합니다. 저는 아버님에게 겨우 물 몇 모금을 떠 넣어드렸는데 마지막이 되었고 그 뒤 아버님은 중환자실로 옮기신지 며칠이 지나지 않아 영원히 세상을 떠나셨습니다. '그렇게 빨리 가실 줄 알았다면 아버님이 가장 좋아하시던 그 아들. 하루가 아니라 한 달이라도 그 곁에 있게 할 걸' 하고 후회하며 얼마나 울고 또 울었는지.

사람은 누구나 부모님이 떠나고 난 후에야 잘못한 걸 후회 한다는데, 아버님. 어느 하늘에서 저를 보고 계신다면 철없는 둘째 며느리의 본심이 아니었음을 이해하시고 용서해 주세요. 아버님. 사랑합니다.

올케언니

딸 결혼식이 얼마 남지 않았는데 엄마 같은 올케언니가 중환자실에 입원했다는 소식이 왔다. 올케언니가 우리 집으로 시집왔을 때 나는 돌이 가까운 아기였다고 했다. 그때는 부자보다 가난한 사람이 더 많은 시절이었고 그중에는 우리 집도 포함되어 있었다. 자식을 사랑하는 마음이 하늘에 닿은 아버지는 큰아들을 군대에 보내지 않으려고 땅을 팔아서 그 뒤치다꺼리를 하느라 점점 가세가 기울어 갔다.

갓 시집 온 올케언니는 얼마 지나지 않아 막내 시누이인 내 첫돌을 위해 절구에 쌀을 빻아 돌떡을 했고 그로부터 삼 년 후에 올케언니도 예쁜 딸을 낳았다. 그 조카와 나는 다섯 살 차이가 났다. 그래서 조카라기보다 형제처럼 놀며 싸우며 자랐다. 올케언니는 시누이인 나도 딸처럼 키웠는데 그 올케언니가 내일을 기약 못하는 중환자실에서 사경을 헤매고 있는 것이다. 누구에게나 이별이란 가슴이 아프기 마련인데 올케언니와 나는 시누이와 올케 사이를 뛰어넘어 엄마와 딸처럼 서로를 느끼는 사이다.

지금 만나보지 못하면 영원히 못 볼 것 같은 생각에 나는 남편과 함께 고속도로를 달리는데, 머릿속에는 올케언니와의 수많은 세월이 스치고 지나갔다. 그런데 아침부터 꾸물대던 하늘에서 천둥번개가 치며 비가 내리더니 어느 지점에 다다르니 비는 눈으로 앞이 안 보일 정도로 많이 내렸다. 해가 저물기에는 아직 많은 시간이 남아있었지만 고속도로는 몇 미터 시야도 내다보이지 않았다. 남편은 꼭 이런 날 가야하느냐며 차를 돌려 서울로 가자고 했다. 암흑 같은 날씨에 운전하기가 두려웠던 것이다. 하지만 지금 되돌아간다면 영원히 올케언니를 볼 수 없을 것 같은 생각에 내가 운전을 하기로 했다. 나는 비장한 마음으로 운전대를 잡았고 한참을 달리다 보니 언제 눈비가 내렸느냐는 듯이 화창한 날씨로 변해 갔다.

중환자실에 들어서니 올케언니는 말문이 막혀 말을 못하시는 상태였다. 얼마 전만해도 내가 안부전화를 하면 반가워했는데 우리는 마주 보면서도 한 마디 말도 할 수 없었다. 어쩌면 이것이 마지막 만남이 될 것 같은 생각에 올케언니의 팔과 다리를 주물러주는데 슬픔이 가슴 속에서 울컥울컥 일어 허공을 바라보며 슬픔을 삼켜야 했다.

나는 올케언니 손을 꼭 잡고 빨리 나아 서울에서 만나자고 했더니 들리기는 하는 듯 얼굴에 희미한 미소를 지으며 고개도 끄덕이는 것처럼 느껴졌다. 그렇게 우리는 대답 없는 대화를 한 시간여 동안 나누고 풀기가 빠진 옷처럼 누워있는 올케언니를 뒤로한 채 서울로 올라왔다. 그리고 며칠 후, 올케언니는 영원히 돌아올 수 없는 강을 건넜다는 소식이 왔다. 하지만 나는 올케언니의 마지막 가는 모습도 보지 못했다. 딸 결혼식을 앞둔 혼주는 상갓집에 가면 안 된다는 옛 풍습에 우리는 그렇게 영원한 이별을 했다. 가난한 집으로 시집와 육십오 년이란 긴긴 인연을 시누올케 사이로 살아왔는데 헤어질 때는 한 시간이란 짧은 무언의 대화가 우리 만남의 마지막이 될 줄을 누가 알았을까?

몇 년 전 어느 날 올케언니가 아침 일찍 전화를 했었다.

"애기씨, 오늘 집에 있소?"

"네, 언니. 무슨 일 있어요?"

"내가 오늘 모처럼 애기씨 집 놀러갈라고요."

올케언니는 점심때 왔고 우리는 모처럼 둘이서 점심을 먹었다. 식사 후 올케언니는 금팔찌 하나를 내 손에 쥐어주었다. 웬 팔찌냐고 했더니 회갑 때 딸이 선물로 줬는데 집에 두자니 도둑맞을까 걱정되고, 팔목에 끼고 다니자니 소매치기 당할까 걱정되어 애기씨가 딸 같아서 선물로 준다고 했다. 올케언니의 따뜻한 마음에 가슴이 뭉클했다. 그래도 나는 해준 사람 성의도 있는데 받을 수 없다며 차라리 딸에게 주라고 했다. 그런데도 한사코 올케언니는 애기씨가 딸보다 더 좋아서 꼭 주고 싶다며 내 손에 쥐어주었다.

올케언니는 몇 년 전에 공부하는 손자들 밥을 해주어야 한다며 서울에 와서 산 적이 있다. 시골에서 올라온 올케언니는 특별히 갈 곳도 없어 주말이면 손자들을 데리고 우리 집에 놀러왔다. 그럴 때면 우리 애들도 집에 있기에, 음식을 조금만 더 준비하면 함께 먹을 수 있어서 나는 좋았다. 애들 역시 한창 자라던 시기라 무슨 음식을 만들어 줘도 맛있게 먹었다. 나는 애들이 함께 먹는 모습이 보기 좋아 전혀 성가스럽지 않았다.

그런데 올케언니는 그 모든 것 하나하나가 무척 고마웠던가보다. 지금이야 물자가 넘쳐 그때처럼 귀하게 여기는 것이 없지만, 이십오 년 전에 우리는 작은 물건 하나에도 기뻐할 줄 알았고 고마워했다. 그렇게 크게 해준 것이 없는데도 늘 고마워하고 감사하던 올케언니는 따스한 봄을 기다리지 못하고 추운 겨울 우리 곁을 떠나갔다.

이제 내 나이도 육십 중반을 넘어섰다. 허무하게 떠나간 올케언니를 생각하니 아끼고 사랑했던 물건도 차근차근 정리를 해야겠다는 생각이 들어 서랍을 열어 보았더니 올케언니가 준 팔찌가 목걸이로 변해 방긋 웃고 있다. 거울 앞에 앉아 주름진 목에 금목걸이를 다시 한 번 걸어본다. 나를 딸처럼 사랑했다는 올케언니의 마음을 받았으니 이 목걸이도 원래의 주인을 찾아 주어야겠다.

커플링

오늘은 며느리를 만나기 위해 가게로 발길을 돌린다. 며느리가 내 집에 들어온 지 십 년이 되었지만, 생일 한 번 제대로 챙겨주지 못한 것 같아 이번에는 큰맘 먹고 선물을 준비했다. 십 년을 살아왔지만 거짓말처럼 얼굴 한번 찌푸린 날이 없다. 언제나 웃는 얼굴이었다. 그것뿐인가 아이가 둘이나 되는데도 아직 차도 없이 알뜰히 살고 있다.

요즘 젊은 사람들은 셋방을 살아도 차를 먼저 구입한다는데 며느리가 대견스럽다. 오늘만은 아들에게 엄마로서 명령을 했다.

"애들은 내가 봐 줄 테니 영화도 보고 맛있는 음식도 먹고 놀다가 집에는 늦게 들어와라!'

아들 며느리 얼굴이 잠시 밝아졌다. 돌아오는 길에 평소 다니던 귀금속 가게에 볼일이 있어 들르려는데 며느리가 함께 가자며 팔짱을 끼고 따라 나섰다.

"나는 은수저 한 벌이 색이 변해 세팅하러 가지만 너는 무슨 일이 있어 가니?" 했더니 가서 말한다며 웃기만 했다.

무슨 일인지 궁금했지만 꾹 참고 오랜만에 며느리와 손을 잡고 종로길을 걸었다. 언제 보아도 이 길은 구경거리가 많아서 좋다. 그래서 이곳에 볼일이 있어 나올 때는 두어 정류장 정도는 구경삼아 걷는다. 꽃구경, 옷구경, 사람구경 등 두리번거리다 보면 목 운동과 다리운동은 저절로 된다. 그뿐인가? 열심히 일하는 상인들을 보면 나도 모르게 삶의 활력소도 생긴다.

며느리와 도란도란 이야기하며 걷다보니 어느새 귀금속 가게에 다다랐다. 문을 열고 들어서자 주인은 시원한 음료수를 꺼내주더니, 며느리 칭찬을 하기 시작했다. 나는 영문도 모르고 멍해 있는데 금 여섯 돈으로 만든 반지 두 쌍을 내 앞에 내놓는다. 내가 의아해 하자 며느리는 아버님 어머님 '커플 반지' 라고 한다. 나는 깜짝 놀랐다. 요즘 금값이 하늘 높은 줄 모르고 치솟아 있는데 이걸 준비하려고 얼마나 허리띠를 졸라맸을까!

우리는 작년 봄이 결혼 사십 주년이었다. 얼마나 정신없이 살아왔는지, 남편은 사십 년 동안 결혼기념일은 두 번 챙겨주었던 것으로 기억되는데. 이번 결혼기념일에는 무슨 생각에선지 석 돈짜리 금반지를 선물이라며 내게 주었다. 그리고 나서 내 생일날 남편은 자식들 앞에서 엉뚱하게 한 마디를 했다.

"부모님 결혼이 사십 주년이 되면 자식들이 부모에게 커플반지를 해준다던데…."

"아니, 있는 반지도 팔아 써야 할 만큼 금값이 오르고 있는데 무슨 뚱딴지같은 소리예요?"

내가 한마디 하자 며느리와 아들딸은 여행 다녀올 경비를 준비했는데 그럼 반지를 해드릴 테니 손가락 치수를 알려달라고 했다. 내가 반대했다. 이십 대도 아닌데 무슨 커플 반지냐며 여행을 다녀오기로 했다.

큰며느리는 시아버지의 그 말이 두고두고 남았는지, 호락호락하지도 않은 남편에게 생활비를 타서 쓰면서도 조금씩 모아서 반지를 맞추었나 보다. 큰며느리는 우리 회갑 때도 나를 울렸다. 예쁜 봉투에 편지 한 장과 만 원짜리 지폐를 가득 담아 내게 주었다. 편지 내용은 이러했다.

> 결혼해서부터 용돈에서 조금씩 모았습니다. 저희 부모님께서 살아 계실 때 저는 학생이어서 아무것도 못해 드렸거든요. 결혼하고 부모님이 다시 생기면서 회갑 때는 뭔가 꼭 해드리고 싶었어요. 회갑 때는 여행을 많이 가신다기에 좋은 곳으로 보내드리고 싶었는데 이번엔 여행 안 가신다니까 유용하게 쓰셨으면 좋겠어요. 아버님 어머님 항상 사랑해요.
>
> 큰딸 같은 며느리 올림

안방에서 그 편지를 읽으며 아무도 몰래 얼마나 많이 울었는지. '이 아이만큼은 어떠한 일이 있어도 내가 꼭 지켜 주리라!' 다짐했다.

1973년 스물여섯 이른 봄에 나는 결혼했다. 그때는 약혼을 먼저 하고 나서 얼마 동안 있다가 결혼식을 했다. 그때 나는 약혼반지로 석 돈짜리 금반지를 받았다. 남편은 경제적인 여유가 없었다. 그래서 결혼할 때도 약혼 때 받은 반지로 패물을 대신 해야 했다.

남편은 이다음에 돈 많이 벌어서 보석반지를 사주겠다고 굳게 약속을 했었다. 그러나 가진 것이 없는 사람이 살아가기란 만만치가 않았다. 그래도 미련하리만큼 앞만 보고 열심히 살았다. 그 덕으로 남편 사업은 순탄하게 일어났고 한때는 경제적인 여유도 있었다. 그러나 남편은 결혼 때의 약속은 지우개로 지워버렸는지, 보석이란 단어도 원래 모르는 사람이었는지, 아니면 그런 것들을 사치라고 생각했는지 결혼 때의 약속은 까맣게 잊은 채 그렇게 살아왔다.

지금 생각해보면 그때부터 내 손가락에는 금반지 서 돈이 정량이었던 것 같다. 금반지 서 돈의 무게는 그때나 지금이나 똑같지만 가격은 하늘과 땅 차이가 되었다. 생각해 보면 서운할 때도 많았다. 여자이기에 결혼할 때 못 받은 보석을 하나쯤 남편이 해주길 내심 기다렸는지도 모른다. 그러나 영원히 변치 않는 금반지는 어쩌면 내 가족의 마음 같다는 생각에 오늘은 금반지 두 쌍을 양 손가락에 끼어본다.

간장과 된장

설날에 애들과 나눠 먹으라고 언니가 배 한 상자를 보내왔다. 행여 터질까봐 테이프로 가로세로를 빈틈없이 포장해서 보내온 상자를 뜯어 한 개를 꺼내 깎았다. 추석에 보내온 것보다 더 달고 맛있었다.

그날도 설날이 지난 며칠 후에 택배 한 상자가 왔다. 상자가 너무 무거워 혼자서는 들 수가 없었다. 낑낑대며 간신히 끌고 들어와서 상자를 열어보니 바위 같은 쑥떡과 무 몇 개, 김치 한 통, 메주 다섯 덩이가 들어있었다. 또 간장을 담글 때 그 속에 넣을 빨간 고추와 참숯덩이까지 챙겨 보내왔다. 그리고 쑥떡에 버무려 먹을 고소한 콩고물도 비닐에 싸여 메주덩이 사이에 끼어 있었다. 코끝이 찡하면서 눈앞이 흐려졌다.

우리 육 남매 중 언니만 과수원과 농사일을 하며 살고 있다. 텔레비전을 보고 서울 사람들이 몰려와 건강에 좋다고 무슨 재료로 먹거리를 만들어 가면 언니는 밤잠을 설치면서까지 만들어서 막내인 나에게 보내온다. 엄마보다도 더 자상한 언니다. 뿐만 아니라 어릴 때 우물에 빠져 나를 놀라게 했던 조카는 남원에서 특수 작물을 재배하고 있다. 그러면서 서울의 물가는 너무 비싸다며 계절마다 수확한 농산물, 쌀은 물론 고춧가루와 참깨, 고구마, 마늘까지 많은 종류를 보내온다. 특히 김장철이면 백여 포기씩이나 되는 배추를 절여서 보내온다. 덕분에 우리 집은 신토불이 음식이 많다.

메주도 언니가 손수 심어 가꾼 콩을 거두어 쭉정이는 골라내고 좋은 콩만 골라 가마솥에 푹 삶는다. 그것을 절구에 직접 빻아 직사각형으로 예쁘게 다독다독 만져 따끈한 방에다 헌 이불을 덮어서 띄운다. 며칠 후 잘 띄워진 메주를 볏짚으로 한 덩이 씩 싸서 온실 속에 매달아 말린다. 콩을 심어 메주가 될 때까지는 언니의 손길이 백 번도 더 간다고 했다.

아침 일찍 일어나 항아리를 깨끗이 씻어서 덮어 두고 소금물을 풀어 놓는다. 그리고 메주를 깨끗한 수세미로 씻어 바구니에 담아 놓는다. 나는 간장을 담그는 특별한 비결이 있는 것도 아니다. 친정어머님이 가르쳐 주신대로 정월 간장은 조금 싱겁게, 3월 간장은 약간 짜게 담근다. 이유는 정월 간장은 날씨가 추워서 변질이 안 되니 싱거워도 되지만 3월 간장은 날씨가 따뜻해서 짜야지 변질이 없단다. 그래서 우리는 언제나 정월 간장을 담근다. 싱겁게 먹기 위해서다.

아침 운동을 다녀온 후 항아리에 메주를 넣고 풀어놓은 소금물을 체에 밭쳐 붓고 달걀을 띄워본다. 달걀이 동전만큼 보이면 그 위에 고추와 대추를 넣은 다음 숯은 가스 불에 달구어 빨갛게 불이 붙으면 집게로 집어 항아리에 넣고 뚜껑을 꼭 덮는다. 그렇게 하룻밤이 지난 후 햇볕이 잘

드는 유리 뚜껑으로 바꾸어 덮어두었다가 40일이 지나면 된장을 거른다.

이렇게 간장을 담아 온지 벌써 40년이 넘었다. 나는 설날만 지나면 제일 먼저 간장 담그는 일로 한해를 시작한다. 해마다 직접 담가오던 습성 때문에 아직도 김장과 고추장, 간장은 내 생활에 필수적인 행사다. 요즘 젊은 사람들이 생각하기에는 고리타분하다 할지는 모르지만 아직도 반찬만큼은 사먹는 것을 꺼려한다. 요즘은 TV에서 된장이 항암치료에 효과가 좋다고 방송을 하니 시골 언니도 서울 아는 분들의 주문량이 늘었다고 한다.

택배 상자에 얌전히 자리하고 있는 메주를 보니 양조장과 사돈도 아닌 내 남편은 술독이었는데, 아마도 된장국 덕분에 건강을 유지한 것 같다는 생각이 새삼 든다. 남편뿐만이 아니라 아들딸도 된장찌개를 즐겨 먹는 편이다.

바쁘게 돌아가는 시대지만 조금만 생각하고 노력한다면 아직도 신토불이 음식으로 가족 건강을 지킬 수 있을 거라는 생각을 해본다. 간장을 담그는 날, 하루 종일 왔다갔다 하는 할머니를 따라 어린 손자도 한 몫 하느라 분주하게 기어 다녔다. 덮어 놓은 항아리 뚜껑이 신기한지 고사리 같은 손으로 뚜껑을 열어보려고 끙끙거리며 달그락 달그락 있는 힘을 다 쓴다. 오늘은 손자와 함께 담근 장이라서 여느 해 보다 된장 맛이 더 좋을 것 같다.

3부

산세비에리아

하늘이 며칠 전에는 장대비를 쏟아 부어 농작물에 많은 피해를 주더니, 오늘은 살아있는 생명들을 모두 태워버릴 듯 태양의 열기가 강렬하다. 행과 불행이 함께 따라다니듯 여름 날씨도 변덕이 심하다. 덥기는 하지만 이럴 땐 이불빨래하기에는 딱 좋다. 빨래하는 것도 옛날에 비하면 신선놀음이다. 세탁기에 집어넣고 가루비누만 풀어주면 제가 알아서 비비고 짜고 다한다. 다 된 빨래를 널기 위해 위아래 층을 왔다 갔다 했더니 그것도 일이라고 땀이 뚝뚝 떨어진다.

모처럼 화분들을 바라보았다. 바늘 촉처럼 꼿꼿하고 당당한 잎만 있는 줄 알았던 산세비에리아 사이에 백옥 같은 꽃송이가 송알송알 층층 계단으로 하얗게 피어 나를 보고 방긋 웃는 것 같다. 처음 본 꽃이라 신기해서 먼저 사진을 찍고 가까이 가서 꽃향기를 맡아 보았다. 꽃은 예쁜데 향은 자연의 풀향기처럼 은은했다. 산세비에리아는 십 년 전 지인이 작은 화분에 세 쪽만 심겨있는 것을 잘 키워보라며 예쁜 쇼핑백에 담아 내게 주었다. 산세비에리아, 바늘 촉처럼 뾰족한 잎은 하늘이라도 찌를 듯이 꿋꿋하고 당당하게 보이지만 꽃말은 '관용', 즉 너그러운 마음으로 나눈다는 뜻이란다. 선인장과라서 자주 물을 주지 않아도 잘 자랐다. 세월이 가면서 쪽수가 늘어나 큰 화분으로 이사를 시켜주었더니 보답이라도 하는지 이렇듯 화려하게 꽃을 피웠다.

아들딸이 결혼하면 좀 더 한가할 줄 알았는데 그것만도 아니었다. 혼자 벌어서는 살기가 힘든 세상 탓인지 며느리와 딸도 남편들과 함께 출근을 한다. 나는 운동하랴 손자 봐주랴 바쁘게 움직이다보면 일주일, 한 달이 화살처럼 날아간다. 때론 힘도 들지만 바쁘게 살아갈 수 있다는 것도 행복하다. 지금은 건강해서 운동을 할 수 있지만 만약 다리라도 아파 운동을 못할 때를 생각해, 몇 년 전부터 글을 써 봐야겠다는 생각을 했다. 그 뒤 수필창작 공부를 시작했는데, 가면 갈수록 글을 쓰기가 점점 더 어려워졌다. 지금은 몇 달이 지났지만 작품을 한 편도 쓰지 못하고 어영부영 시간만 흘렀다. 때론 글 쓰는 일을 깨끗이 잊고 싶은 생각도 마음 밑바닥에서 요동쳤다. 그런데 오늘 이층에 말없이 피어있는 산세비에리아를 바라보며 다시 용기를 가져본다.

이층에는 아들딸이 결혼한 후로는 남의 집처럼 필요할 때나 가끔씩 올라온다. 두 아들이 고3일 때는 아침저녁 잠을 깨우기 위해 다리가 아플 만큼 분초를 다투며 토끼처럼 뛰어다녔다. 그러나 두 아들이 결혼해서 저들만의 둥지를 틀어 나가니 할 일이 줄어서 편하기도 했다. 그러나 그것도 잠시, 집안이 텅 비어버린 외로움에 가끔 눈시울이 뜨거워질 때도 있었다. 다행히 딸이 있어 그 빈자리를 조금씩 채워주었다. 그러나 몇 년이 지나자, 공부만 하면서 평생을 함께 살 것 같던 딸도 불현듯 짝을 찾아 떠났다. 나는 날개 밑이 허전해 밤이면 텅 비어버린 방을 가끔씩 서성거리기도 했다.

"엄마, 십 분만 아니 오 분만 더 잘게. 응."

하던 아들딸의 목소리가 들리는 환청에 눈물이 뚝뚝 떨어졌다. 아직도 아들딸이 쓰던 손때 묻은 가구들만 주인 없이 휑하니 앉아있다.

그 뒤 전세난이 일면서 하늘 높은 줄 모르고 전세 값이 폭등했다. 누가 뭐라 하는 사람은 없지만 텅 비워둔 방이 왠지 미안하기도 하고, 사람이 나간 자리가 허전하기도 해서 위층을 세를 놓으면 어떨까 하는 생각을 해 보았다. 그래 아들딸들이 모인 자리에서

"우리 2층을 세놓으면 어떨까?"

말했더니 말수 없는 둘째 아들이

"엄마 용돈 모자라세요?"

한 마디로 말문을 막았다. 아들은 온 식구가 모였을 때의 불편함을 먼저 생각했던 것이다. 나 역시 용돈이 모자라서가 아니고 그냥 허전하기도 하고 뭔가 모르게 미안해서였는데 나만의 생각이었다.

아들딸이 살았던 방은 이제 나만의 공간이 되어 글을 쓴답시고 일주일에 몇 번씩 올라와서 컴퓨터와 씨름을 한다. 물론 베란다에는 여러 종류의 화초도 있고 때론 햇볕이 좋아 빨래를 널기 위해 올라가지만 삶이 뭐가 그리 바쁜지 곁을 보지 못하고 할 일만 끝나면 내려간다. 화초에 물 주는 일은 남편이 했기에 더욱 그런 것 같다. 그래도 화초는 주인이 봐주

든 말든 때가 되면 피고 지고 제몫을 묵묵히 하고 있었다.

새해를 맞아 해돋이 가는 인파로 아차산도 신음하고 있는데 누워있는 자신이 민망해서 벌떡 일어나 베란다에서라도 해를 보기 위해 올라왔다. 화초들과 새해 첫인사이다. 거의가 농장을 하던 큰집에서 보내온 해묵은 화초들이지만 그중에서도 시동생 생일을 축하한다며 형님이 보내왔던 난이 눈에 들어왔다. 처음 내 집에 왔을 때는 윤기가 자르르 생기 넘치는 아가씨처럼 보였다. 그 속에서 꽃대 몇 개가 솟아올라 꽃망울을 주렁주렁 매달았을 때는 온 집 안이 은은한 향기로 가득 찼었다.

사람만 사랑을 먹고사는 것이 아니었다. 말없이 계절에 순응하는 화초도 사랑과 관심 속에 꽃을 피워 보답했다. 그러나 선물로 받은 난은 키우기 어렵다는 핑계로 돌보지 않고 봄이면 감나무 밑에 내려놨다가, 가을이면 겨우 추위나 이겨 내라는 양 베란다에 올려다 놓은 것이 전부였다. 고고한 난은 투쟁이라도 하듯 그 후로 꽃대를 올리지 않았다. 몇 해가 지난 어느 날

"너는 꽃도 피우지 못하고 자리만 차지하고 있니, 올겨울에도 꽃을 피우지 못하면 뽑아 버린다!"

난에게 협박 아닌 협박을 하면서 다시 보니 이미 세 개의 꽃대가 올라와 있었다. 내 눈에 가려 보지 못하고 난만 탓했다. 그렇게 꽃들은 시샘이라도 하듯이 겨울에도 피고 지고를 반복했다. 문주란은 나이가 많이 먹어서인지 아니면 점점 온대화 되는 날씨 때문인지 한 번 피우기도 힘든 꽃을 봄과 겨울 두 번씩 피울 때도 있다. 하기야 나도 열쇠를 손에 들고도 열쇠를 찾느라 곤욕을 치를 때가 있듯이 나이 든 문주란도 꽃을 한 번 피웠다는 사실을 잊어버리고 다시 꽃을 피우느라 애를 썼는지도 모

를 일이다.

산세비에리아도 처음에는 적응하지 못하고 시름시름 병치레를 몇 번 했다. 그런데 지금은 꿋꿋하고 당당하게 견디어 무성한 잎으로 활짝 웃으며, '나 꽃도 피웠으니 더 큰집으로 옮겨주시죠!' 라며 손짓하는 것 같다. 한갓 식물도 힘든 고비를 이겨내는데 나는 글을 써보겠다고 하면서도 금세 포기하고 싶어지는 내 자신이 부끄러워 다시 컴퓨터 앞에 앉아본다. 지인은 아마 꽃말을 먼저 알고, 내게 산세비에리아처럼 꿋꿋하면서도 너그러운 마음으로 둥글둥글 살아가라고 준 선물이 아니었나 싶다.

올 가을엔 나도 목마른 나그네의 갈증을 촉촉이 축여줄 수 있는 맑은 옹달샘이 되어볼까.

가을의 문턱에서

햇살은 눈이 부시도록 밝고 따뜻한데, 아침저녁 스치는 바람은 옷을 여미어도 차갑게 살 속으로 파고든다. 이럴 때는 언제나 마음이 울적해진다. 한 해가 저물어 간다는 아쉬움을 삭이지 못하고 연례행사처럼 또 병이 도지나 보다.

봄을 삼켜버린 기나긴 여름과 대지를 불덩이로 달구던 태양에게도 당당하게 마주했던 풋풋한 감이 지친 듯 힘이 없다. 잎은 주황색으로 변했고 국기봉 같은 감은 빨강 옷으로 갈아입었다. 벌써 가을이 깊어 겨울로 가는 길목에 왔나보다.

새벽의 차가운 바람에 속아 약간 두터운 바바리를 입고 머플러를 목에 두르고 봐주는 이 없는 한적한 길을 따라 뚜벅뚜벅 걸어 본다. 노란 은행 나뭇잎이 바람에 날려 공중묘기를 하다가 힘없이 포르르 굴러 떨어져 길모퉁이에 걸리더니 나를 빼끔히 바라본다. 그 은행잎 모습이 마치 내 모습인 듯싶어 마음이 씁쓸하다. 하늘을 바라본다. 목화솜처럼 피어나는 구름도 바람에 밀려 목적지도 없이 어디론가 곤두박질치며 뛰어간다. 그 속에 나의 옛날이 동무되어 함께 흘러가고 있는 것 같다.

짧지 않은 오랜 세월을 서울에서 살아왔지만 결코 쉽지 않은 시간들이었다. 다행히 웃음이 많았던 나는 힘든 세월을 웃음 속에 묻으며 살아왔다. 그러기에 어느 누구도 내가 가시덤불을 헤치며 살아온 나날은 감히 짐작도 못 했다.

1972년 오빠와 함께 살던 나는 독립해서 혼자 자그마한 가게를 운영하고 있었다. 그 작은 가게는 나의 전부임과 동시에 삶의 씨앗이었다. 작은 공간에 설치했던 무쇠 연탄난로 위에는 항상 뜨거운 물이 올려져 있었다. 뜨거운 물은 밤이면 꽁꽁 얼었던 내 손과 발을 녹여주었고 혹독한 겨울추위를 막아주는 유일한 보물단지였다.

겨울을 재촉하듯 이슬비가 내리고 차가운 바람이 불던 어느 날 오후, 크지도 작지도 않은 키에 베이지색 바바리코트 깃을 세워 입고 손을 부비며 한 남자가 가게로 들어섰다. 창밖의 공기가 얼마나 매섭고 차가운지 그를 보고 알 수 있었다. 그는 특별히 할 말도, 볼 일도 없는 사람 같아 보였다. 그런데도 지나는 길에 가끔씩 가게에 들어와 물건을 구경하기도 하고 몇 마디씩 묻기도 해서 잠시 쉬어 가는 사람이라 생각했다.

어느 날부터 그는 아침저녁으로 마주치면 눈인사를 하기 시작했다. 그렇게 가을이 가고 겨울이 왔다. 창밖에 흰 눈이 소복소복 내리던 날 그는 나를 찾아와서 한참을 망설이다 한 마디 했다.

"우연히 영화 표 두 장이 생겼는데 딱히 함께 갈 사람이 없는데 오늘

밤 친구가 되어 줄 수 있어요?"

"고맙기는 하지만 저는 그렇게 한가하게 영화구경이나 할 처지가 아니랍니다. 다른 사람을 알아보시는 게 나을 거예요."

속마음과 달리 애교가 없는 나는 날씨만큼이나 차갑게 거절했다. 그는 어렵게 용기를 내어 말했을 텐데 차가운 나의 거절에 제대로 쳐다보지도 못한 채 발길을 돌렸다. 돌아서 가는 그의 어깨 위에 하얀 눈송이가 사뿐사뿐 내렸다. 나도 거절은 했지만 너무 무뚝뚝하게 말한 것 같아서 미안한 생각이 들었다. 이후 나는 그가 다시는 오지 않으리라 생각했다. 그러나 그는 아무 일도 없었다는 듯 변함없이 퇴근길에 다시 찾아와 따뜻한 무쇠 연탄난로 불에 손을 녹이고 나서 자기 집으로 돌아가곤 했다. 겨울이면 항상 더 바빴던 나는 그의 친구가 되어 줄 마음의 여유가 조금도 없었다.

겨울도 봄에 밀려 꼬리를 감추려던 어느 날 그는 또다시 나를 찾아왔다. 약간 멋쩍은 듯하면서도 변함없는 표정으로 무언가 꼭 할 말이 있는 사람처럼 보였다. 그는 내가 일이 끝나기만을 기다리더니 마침내 말문을 열었다.

"사실은 제가 꼭 할 말이 있습니다. 조용한 찻집에서 차 한 잔 했으면 해요."

"밤이 늦었는데 할 말이 있으면 여기서 하세요."

내용인즉 그는 홀어머니를 모시며 살고 있었다. 홀어머니는 자나 깨나 아들 장가보낼 생각에 날마다 출근하는 아들에게 인사처럼 마음에 드는 아가씨를 데려오라고 당부하셨다. 그러나 그는 그때까지 마음에 드는 아가씨를 만나지 못했다. 그러던 차에 우연히 우리 가게에 들렀는데 나를 보고난 뒤부터 퇴근길에 내 마음을 얻고 싶어 자주 찾았다고 했다. 그는 아무리 찾아보아도 홀어머니를 모시고 살만한 아가씨를 찾지 못했다. 나를 몇 번 본 후부터 '나' 라면 그의 어머니를 모시고 살 것 같은 생각이 들어 친구가 되어 달라는 어려운 부탁을 한다고 했다. 그때 나는 오빠와 함께 살다가 올케와 뜻이 맞지 않아 따로 살고 있을 때였다. 그러나 결혼보다 더 중요한 삶의 계획이 나에게는 있었기 때문에 그의 청을 거절했다. 하지만 '어머니를 사랑하는 마음이 얼마나 컸으면 본인의 사랑보다 어머니를 먼저 생각했을까' 하는 생각에 그가 서글퍼 보이면서도, 또한 보기 드문 효자라는 생각이 들기도 했었다. 육십 중반을 넘어 저물어 가는 길목에 서고 보니 그때 그 시절이 바람결에 아련히 스쳐 지나간다.

차가운 바람에 떨어진 은행잎 몇 개가 서로 동무가 되어 바람이 부는 대로 대굴대굴 굴러 간다. 나도 주머니에 손을 넣은 채 뚜벅뚜벅 어디론가 바람 따라 걸어가 볼까. 또 한해가 저물어 간다는 아쉬움 때문인지, 아니면 목화솜처럼 피어난 구름 탓인지, 내 젊은 시절이 하늘에서 다시 돌아가고 있다.

보신탕, 그렇게 좋으세요?

태양은 대지를 태워버릴 듯 연일 내려쪼인다.

TV에서는 장마가 태풍을 몰고 온다며 떠들썩하더니 태풍과 장마는 서울을 비껴서 별 탈 없이 지나간 것 같다. 오늘도 어김없이 옆집 아저씨는 아침 일찍 백구와 운동을 하느라 산에 다녀왔는지 집 앞에서 백구가 혀를 내밀고 헉헉거리고 있다.

이십 년 전 진돗개 새끼 한 마리를 친정 오빠가 가지고 오셨다. 진돗개는 영리해서 집도 잘 보고 발이 빨라서 쥐도 잘 잡으니 키워보라고 했다. 나는 가끔씩 마당 하수구에서 쥐가 들락날락하는 것을 보고 놀란 적이 있어 쥐를 잡는다는 말에 개를 키우기로 했다. 그러나 영리하다던 진돗개는 몇 개월이 지나도 짖을 줄도 모르고 바보처럼 덩치만 커 갔다. 나는 오빠에게 짖기는 커녕 우는 소리도 못 내는 개를 뭐 하러 키우라 했느냐며 가져가라고 했다. 그랬더니 진돗개는 육 개월이 지나야 달라진다며 조금만 더 참고 키워보라고 했다.

오빠 말대로 진돗개는 육 개월이 지나면서 조금씩 짖기 시작하더니 날이 갈수록 몰라보게 영리한 개로 변했다. 낯선 사람을 보면 금방 달려들어 물기라도 할 듯 짖었지만 우리 집을 자주 드나드는 사람이나 옆집에 사는 사람을 볼 때는 짖지 않고 바라만 보았다. 그뿐인가, 오빠 말처럼 가끔씩 쥐도 잡아서 밥그릇 옆에 놔두기도 했다. 그럴 때면 나는 머리를 쓰다듬어 주면서 칭찬을 해 주었다. 그렇게 몇 번 쥐를 잡은 후부터 마당에 쥐가 없어졌다.

그런데 어느 날부터인가 우리집 대문 앞에 수캐가 찾아들더니 진돗개가 새끼를 네 마리나 낳았다. 개는 새끼를 낳아서 처음에는 새끼의 눈과 몸을 입으로 핥아서 목욕을 시키듯 깨끗이 닦아 주었다. 며칠이 지나자 어미는 눈을 뜬 새끼를 개집에서 마당으로 물어 날랐다. 개집은 화단 옆에 있었기에 마당과는 오십 센티 정도 높은 곳에 있었다. 아침에 마당에 물어다 놓은 새끼는 하루 종일 잘 놀았다. 밤이 되면 어미가 다시 물고 집으로 올라갔다. 그렇게 새끼들은 어미의 사랑과 보호 속에서 나날이 예쁘게 자랐다.

어느 날 석양이 질 무렵 새끼들이 낑낑거리는 소리가 요란했다. 창문을 열고 내다보니 어미는 혼자 집으로 올라가서 먼 산만 바라보고 있었다. 아무리 새끼가 울어도 아예 고개도 돌리지 않고 다른 곳을 향해 앉아 있었다. 새끼는 낑낑거리며 올라가다 구르고 구르다 또 낑낑거리고, 있는 힘을 다해 몇 번을 반복하다가 간신히 어미 곁으로 올라갔다. 어미는 그제서야 올라온 새끼를 안쓰러운 듯 발과 입으로 자기 품에 밀어 넣었다. 그렇게 어미는 때가 되면 혼자서도 살 수 있는 힘을 기를 수 있도록 옆에서 지켜만 보고 있었던 것이다. 그렇게 영리한 개를 나는 멍청하다고 다시 가져가라 했으니 내 자신이 부끄러웠다. 모든 것이 때가 있고 순리가 있는 것을, 나는 우물에서 숭늉을 찾듯이 개만 멍청하다고 한 것이다.

그러나 많은 새끼들을 비좁은 집에서 키울 수가 없어 상자에 모두 담았다. 그 속에 과자와 빵을 넣고 새끼가 숨을 쉴 수 있도록 구멍도 몇 군데 뚫어 포장을 했다. 나는 고속버스에 실어 시골 조카 집에 보내려고 들고 집을 나서는데 어미는 나를 보며 이리 뛰고 저리 뛰며 끙끙거렸다. 날뛰는 어미에겐 미안했지만 뒤로 하고 집을 나왔다. 새끼들만이라도 넓은 시골에서 맘껏 뛰어놀며 개답게 살라는 뜻이기도 했다. 그러나 집에 돌아온 나를 본 어미는 잊지도 않고 새끼를 찾으며 끙끙거렸다. 미안한 마음에 어미를 꼭 안아주며 몇 번을 미안하다고 반복해서 말했다.

단독주택은 다 좋은데 한 부분에 이상이 생기면 이내 다른 부분으로까지 문제가 생기기 때문에 방치했다가는 크게 손을 봐야 하는 게 문제다. 우리 집도 이층 물받이 쪽에 이상이 있는 것을 차일피일 미루었더니 이제 주방으로까지 번져서 집수리를 해야만 하게 되었다. 그래서 살림은 이삿짐센터에 맡겨놓고 당분간 큰집에서 지내기로 하고 개는 두고 갔다. 다음날 와 보니 개는 눈이 빨갛게 충혈되어 나를 보더니 미친개처럼 날뛰었다. 내가 밥을 주고 키웠지만 무서웠다. 개는 주인은 없고 공사를 하기 위해 집을 부수느라 소리는 요란한데 낯선 사람만 왔다 갔다 하니, 겁을 먹어 짖지도 못하고 많이 무서웠던 듯했다. 날뛰는 개가 무서웠지만 미안한 마음에 계속 이름을 부르며 살금살금 다가가서 머리를 쓰다듬어 주었더니 한참 후에야 안정되어 보였다.

그래, 다 내가 생각이 짧은 탓이었다. 자신의 집에 사람들이 난입해 집을 부수는데 믿고 따르던 주인들은 한 명도 없었으니 얼마나 무섭고 두려웠을까? 우리는 개도 함께 차에 태워 큰집 농장으로 갔다. 한 달이면 된다던 공사는 보름이나 지연되어 끝이 났다. 수리를 하고 다시 집으로 들어오는 날, '개를 데리고 갈까, 아니면 넓은 큰집에 둘까?' 생각하고 있는데 그때 큰동서가 개는 그냥 넓은 곳에 두고 가라고 했다. 다른 사람 같으면 믿지 못해 데려왔을 텐데 큰동서 말은 콩을 팥이라 해도 믿었기에 두고 오기로 했다. 개한테도 비좁은 우리 집보다는 나을 것 같다는 생각이 들었기 때문이다.

우리는 개를 큰집에 남겨두고 이사를 했다. 이삿짐을 대충 정리하고 며칠 후 빵과 우유를 사들고 가서 개에게 주었다. 개는 정신없이 꼬리를 흔들며 좋아했다. 큰동서는 개가 밥도 잘 먹고 농장도 잘 지켜서 벌써 정이 들었다고 했다. 그 뒤 매일 운동하러 갈 시간이면 빵과 우유를 챙겨 들고 가서 머리를 쓰다듬어 주면서 그동안 좁은 집에서 키웠던 것을 미안해했다.

그날도 역시 빵과 우유를 챙겨 들고 가서 차에서 내리는데 그 자리에 개가 없었다. 차 소리만 들어도 이리 뛰고 저리 뛰고 끙끙거리며 반가워하던 개가, 나는 차 속에서 내리지도 못 한 채 멍하니 앉아 있었다. 차 소리를 듣고 큰동서가 뛰어 나오더니 멋쩍은 표정으로 말했다.

"저…, 그러니까 말복 날 아버님과 시숙님이…."

나는 이야기를 끝까지 듣지도 못한 채 눈물을 흘리며 차를 돌려 집으로 왔다. 그 후로 며칠을 큰동서를 원망하며 지냈다. 물론 큰동서의 뜻이 아니었다는 생각을 하면서도, 아무리 더운 여름에 보신탕이 몸에 좋다고는 하지만, 돈을 주고 사다먹든가 하지, 집에서 키우던 개를…. 나는 이해할 수가 없었다. 얼마를 고심 끝에 잘 키우리라는 믿음이 있어 두고 왔는데.

올해도 삼복을 보내며 얼마나 많은 개들이 사람들에 의해 희생되었는지 알 수는 없다. 먹거리가 귀했던 옛날에는 기운을 보충하기 위해서 개를 식용으로 길렀던 게 맞다고 하자. 그렇지만 지금은 먹거리가 넘쳐나고 온갖 영양제의 종류는 셀 수도 없을 만큼 많다. 그럼에도 불구하고 몸에 좋다고만 하면 사람들은 어떤 동물이건 가리지 않고 먹어치운다. 몸에 좋다고 TV에서 한 번 방송이 되면 벌레는 물론이고 이름도 잘 몰랐던 식물의 뿌리까지도 동이 나고 만다. 의학이 발달해서 많은 병들이 치유되고 있지만, 옛날보다 평균 수명도 길어졌지만 더 오래 살고자 하는 인간의 욕심은 그 끝을 모른다. 세상이 이대로 간다면 무엇이 살아남을지 걱정이 된다.

태백산 천제단

남편은 친구들과 태백산 눈꽃축제 구경을 간다며 새벽에 혼자 나갔다. 우리는 대부분의 여행을 몇몇 부부가 함께 다닌다. 그러나 나는 감기로 근 한 달을 앓고 났더니, 무거운 등산화에 아이젠까지 끼고 터벅터벅 눈길을 걸어 정상까지 올라갈 엄두가 나지 않아 포기했다. 많이 앓은 탓일까? 새삼 세월의 무게가 느껴졌다. 가을이면 찬란하게 빛을 발하던 단풍잎도 결국은 떨어져 흙으로 돌아간다. 마음은 언제나 '자연의 순리를 받아들이자' 하면서도 기분이 착잡한 것은 욕심이 아닐까, 수많은 생각이 꼬리에 꼬리를 물고 이어진다.

결혼한 지 삼년으로 접어든 며느리는 아이가 없었다. 젊은 사람들은 신혼생활을 즐기기 위해 일부러 아이를 갖지 않으려고 피임을 한다는 이야기를 친구들에게 많이 들었다. 그렇다고 며느리에게 물어 보지도 못하고 눈치만 보다가, 어느 날 조심스럽게 말문을 열었다. 그런데 며느리는 생각 외로 아기가 갖고 싶은데 들어서지 않는다며 은근히 걱정을 하는 것이었다. 순간, 내가 그동안 너무 무심했다는 생각이 들었다.

여자가 몸이 차가우면 아기가 들어서지 못한다고 하시던 어머니 말씀이 생각났다. 그래서 며느리에게 혹시 속이 차서 아기가 안 생기는 것일지도 모르니 몸을 따뜻하게 하는 한약을 지어 먹자고 말했다. 며느리가 흔쾌히 대답해서 한약을 지어왔다. 약을 먹고 난 후, 그해 겨울 아들며느리와 다른 몇몇 부부도 함께 우리는 태백산 눈꽃축제 구경을 하기 위해 열차에 몸을 실었다. 아침도 못 먹고 새벽부터 서둘러 나온 사람들은 불과 몇 십 분도 달리지 않았는데 여기저기서 준비해 온 음식을 펼쳐놓았다. 음식은 김밥과 찰밥, 떡과 부침 등 각양각색으로 진수성찬이 따로 없었다. 거기에다 아침인데도 약간의 반주를 준비한 사람도 있었다. 모두가 아침을 맛있게 먹고 나니 차 안은 조용해졌다. 아마도 새벽잠을 설치고 나온 탓에 모두가 잠이 들었나 보다.

눈꽃축제라고 했지만 시기가 조금 늦어서인지 생각보다 눈은 많지가 않았다. 그래도 곳곳의 나뭇가지에는 아직도 잔설이 남아있어 바람에 휘날려 얼어붙은 얼굴을 때리고 지나갔다. 그래도 일행과 함께 산을 오르는 즐거움에 추위와 힘든 것도 이겨내고 무사히 천제단에 도착했다. 그런데 남편과 아들은 아직도 힘이 넘치는지 태백산 고지 문수봉까지 다녀온다며 떠났다. 아래와는 달리 아직 눈이 많이 남아있어 뽀드득뽀드득 눈을 밟고 가는 소리가 경쾌하게 들려왔다.

나는 며느리에게 천제단까지 왔으니 여기서 예쁜 아기 하나 점지해 달라고 기도나 하자고 했다. '여기까지 무사히 올라오게 해 주셔서 감사합니다. 부디 우리 며느리에게 건강한 아이 하나 점지해 주소서!' 하며 우리는 절만 몇 번 올렸다.

내려오는 길은 올라갈 때보다 쉬웠다. 그래도 눈길에 행여 내가 미끄러질까봐 며느리는 자꾸만 내 팔을 붙잡아 주었다. 그 덕분에 몇 번의 위험한 고비도 무사히 넘기고 내려올 수 있었다. 만약 일행 중 한 사람이라도 다치는 불상사가 일어난다면 본인 고생은 물론 모두에게 민폐를 주는 결과가 된다. 그래서 함께 여행을 할 때는 각자가 최선을 다해서 조심해야 했다.

우리 일행은 무사히 산행을 마치고 열차에 몸을 실었다. 열차는 서울을 향해 달리고 차창 밖은 이미 어둠이 내려앉았다. 기차 안도 조용했다. 산행이 힘들었는지 모두 꿈나라로 여행을 떠난 것 같았다. 그렇게 우리는 추위와 싸우며 태백산 눈꽃축제 구경을 다녀왔다.

며칠 뒤, 며느리에게 한약을 먹은 김에 한 번 더 먹자고 했다. 그런데 며느리는 잠시 머뭇거리더니

"어머니 며칠 뒤에 말씀드릴게요." 했다.

며느리는 그 사이에 병원에 가서 검사를 했던 것이다. 검사결과 임신 2개월로 들어섰다고 했다. 우리는 며느리가 임신한 것도 모르고 그 추운 겨울에 눈꽃축제 구경을 한다며 태백산까지 겁도 없이 다녀온 것이다. 모르면 용감하다고, 우리가 얼마나 위험한 산행을 했는지 뒤늦게야 알고 가슴을 쓸어내렸다. 아마도 임신인 것을 알았더라면 감히 태백산 눈꽃축제 여행은 꿈도 꾸지 못했을 것이다. 그렇게 용감하게 산행도 이겨내고 태어난 손자가 벌써 취학 통지서가 나와서 며칠 전 예비소집에 다녀왔단다. 평소에는 모르다가 이럴 때면 세월이 참 빠르다는 생각이 든다.

사람이 나이가 들면 그 나이만큼 달리는 속도가 빨라진다는데, 그러면 가끔 브레이크를 밟아 세월을 늦출 수는 없을까?

빙어도 뛰고 나도 뛰고

겨울답지 않게 따뜻하던 날씨가 갑자기 저녁 굶은 시어머니로 변해, 며칠을 찌푸리고 있더니 드디어 매서운 혹한으로 변했다. 강물은 물론이고 길을 오고가는 사람까지도 으스스 얼어붙었다. 아파트 사무실에서는 하수도가 얼어붙어 물이 내려가지 못하고 역류해, 주민에게 피해를 주고 있으니 베란다에 있는 세탁기 사용을 하지 말아 달라는 방송을 연일 계속하고 있다. 아파트 사이사이로 보이던 한강물이 며칠 전만 해도 넘실넘실 춤을 추며 여유롭게 흐르더니 지금은 매서운 혹한을 이기지 못하고 꽁꽁 얼어붙어 있다. 천호대교를 건너며 얼어붙은 한강을 보니 언젠가 송어를 잡겠다고 칼바람이 몰아치던 날 남편과 아들과 함께 저수지의 두꺼운 얼음을 깨고, 손자들과 추위도 잊은 채 뛰어놀던 때가 문득 생각난다.

천지가 순백으로 덮이고 칼바람이 몰아치던 날, 큰아들네 식구와 우리는 포천 쪽에 있는 낚시터에서 송어낚시 대회가 있다는 소식을 듣고 얼음낚시를 가기로 했다. 물을 보온병에 끓여 담고 라면과 과자는 가방에 챙겨 담았다. 행여 어린 손자들이 춥다고 하면 끓여 먹이려고 만반의 준비를 해서 떠났다. 낚시터가 있는 포천 쪽은 언제나 서울보다 더 춥다. 나들이를 할 때는 애나 어른이나 모두가 들뜨기 마련인데 오늘은 하얀 눈이 쌓인 빙판에서 얼음 구멍을 뚫어 낚시와 썰매 두 가지를 함께 할 수 있다는 말에 손자들은 한층 더 들떴다. 아들은 미끄러운 빙판길 운전이라 더 신경을 쓰는 눈치다. 얼마를 달리다 목적지에 도착해 낚시터 입구에 들어서니 이미 많은 인파가 몰려들어 주차장은 빈틈이 없었다. 유리알처럼 미끄러운 농로 길을 몇 바퀴 돌다가 가까스로 차를 세웠다.

입장료는 한 사람당 삼만 원이었다. 조금 비싼 것 같기도 했지만 그 대신 한 마리도 못 잡으면 돌아갈 때 표 한 장에 송어 한 마리씩 준다며 잘 보관하라고 했다. 꽁꽁 얼어붙은 저수지에는 이미 많은 사람들이 새떼처럼 모였다. 얼음 구멍을 뚫는 사람이 있는가 하면 벌써 송어를 잡았다고 환호성을 지르는 사람도 있었다. 그 소리에 손자들 마음이 더 바빠졌는지 한층 부산스러워졌다. 어디로 튈지 모르는 손자를 붙잡고 며느리와 나는 썰매를 타기로 했다.

남편과 아들은 얼음의 두께가 아주 두껍게 얼어 있는지 그 추위에도 땀을 흘리며 얼음 구멍을 뚫었다. 얼마나 시간이 흘렀을까, 드디어 농구공이 들어갈 만큼 둥글게 구멍 네 개를 뚫었다. 바늘에 지렁이를 끼워 아무것도 보이지 않은 구멍 속에 낚싯대를 드려놓고, 부자는 눈먼 송어가 지렁이를 먹는 순간 찌가 올라오기만 눈이 아프게 기다리고 있었다. 그

야말로 장님 문고리 잡는 격으로 추위도 잊은 채 쪼그리고 앉아 있는 것이다.

한편 며느리는 새끼줄로 묶은 소쿠리에 제 아들을 담아 얼마나 끌며 밀며 얼룩말처럼 뛰었는지 그 추위에도 이마에 땀방울이 맺혔다. 엄마를 따라 빙판 위를 초원인양 마냥 뛰어놀다가도 누가 "송어가 올라왔다!" 하고 소리를 지르면 어른 아이 할 것 없이 우르르 파도처럼 몰려들었다. 언제나 노는 장소에는 애 어른이 따로 없다는 생각이 들었다. 그렇게 추위도 잊은 채 몇 시간을 뛰어놀던 손자들이 배가 출출했는지 라면을 끓여 먹자고 달려왔다. 버너에 불을 켜 보온병에 준비해 간 뜨거운 물을 냄비에 붓고 라면을 넣어 끓여보지만 매서운 찬바람에 뜨거웠던 물만 점점 식어갔다. 눈먼 송어를 기다리며 쪼그리고 앉아있던 남편과 아들도 지쳤는지 추위네 몸이 굳어 절뚝거리며 걸어왔다. 결국 라면은 물에 불어서 먹는 둥 마는 둥 하고 움직일 때는 추운 줄도 몰랐는데, 앉아서 쉬고 있으니 차가운 바람이 옷 속으로 파고들어와 추위를 견디지 못하고 우리는 집에 가기로 했다. 약속대로 주인은, 송어를 한 마리도 잡지 못한 우리에게 살아서 펄떡펄떡 뛰고 있는 팔뚝만큼 큰 송어를 두 마리나 주었다. 남편은

"하 ? 송어회, 맛있겠네!"

회를 좋아하는 남편은 둘째 아들 퇴소식에 다녀오던 길에 빙어 회를 먹고 가자며 춘천 강가에 있는 허름한 횟집으로 들어갔다. 그때만 해도 나는 빙어라는 이름이 예뻐서 고기 맛도 좋을 거라 생각하고 남편을 따라 들어가 의자에 앉았다. 밖에서 보기와는 달리 손님도 많았다. 음식을 맛있게 해서 손님이 많을 거라 생각하며 한참을 기다렸다.

드디어 우리 앞에도 이것저것 반찬이 나오고 맨 나중에 커다란 스테인레스 대접이 나왔는데 물 위에 상추가 얹혀 있었다. 이상한 느낌이 들었지만 말도 못하고 있는데, 남편이 내 표정을 살피면서 얼른 먹고 가자고 젓가락을 들었다. 그런데 집어든 것이 살아있는 빙어였다. 펄떡이는 빙어를 초고추장에 찍어 먹기도 전에 나는 소스라치게 놀라 소리소리 지르며 고추장 속 빙어처럼 밖으로 뛰쳐나오고 말았다. 한참을 밖에서 기다리고 있는데 남편은 다른 사람 생각도 해야지 그렇게 소리를 지르고 나가면 어떡하느냐고 화를 냈다. 오늘 빙판 위에서 펄떡이는 송어를 바라보니 새삼 빙어와 내가 함께 뛰었던 그날이 생각났다.

송어를 직접 잡지는 못했지만 후덕한 주인 덕분에 펄떡이는 송어 두 마리를 담아 오면서 손자들은 쉴 새 없이 조잘거린다. 그러나 그렇게 힘차게 펄떡이던 송어도 집에 와서 보니 죽어있었다. 며느리는 용감하게 팔을 걷어붙이고 손질을 하더니 버터를 발라 오븐에 구워 저녁상을 준비해서 온가족이 함께 먹었다. 손자들도 송어구이가 부드럽고 맛있다며 잘 먹었다. 그러나 평소에도 살아있는 생선을 만지지 못하는 나는 며느리가 노릇노릇 맛있게 잘 구워놓은 송어인데도, 얼음 위에서 펄쩍펄쩍 뛰던 모습이 눈에 아른거려 결국 한 젓가락도 먹지 못했다.

나는 아직도 종이 한 장 차이뿐인 마음을 다스리지 못하고 있구나!

아기 잘 봐줄게

꾀꼬리 울음소리가 단잠을 깨운다. 6시다.

나이가 들면 잠이 오질 않아 고생을 한다는데, 나는 지금도 잠이 모자라 알람시계의 힘을 빌려 아침을 시작한다. 누가 빨리 일어나라고 다그치지도 않는데 알람시계 소리에 깜짝 놀라 벌떡 일어나 세수를 하고 딸이 아침을 먹을 수 있게 간단히 준비해서 식탁에 메모 몇 자 적어 함께 놓고 나면 40분 정도가 소요된다.

이렇게 아침상 차리기가 끝나면 운동복으로 갈아입고 얼굴에 햇볕을 조금이라도 가리기 위해 모자도 챙겨 쓴다. 그리고 가방을 메고 과일하나 손에 들고 집을 나선다. 아침에 과일을 먹으면 기분도 상쾌하지만 운동하는데 허기를 느끼지 않아 좋다. 밥을 먹고 운동 하려면 몸이 더 불편해서다.

손에 든 과일을 먹으며 야산을 올라간다. 상큼한 공기는 물론 까치와 참새들도 조잘거리며 나를 반긴다. "안녕?" 인사도 하고 풀잎 향도 맡으며 그렇게 20분 정도 걸어서 올라가면 나의 아지트 테니스장이 있다. 준비운동을 시작으로 4사람씩 파트너가 되어 3~4게임을 하고나면 2시간 정도 걸린다. 운동을 우선으로 생각하면서도 사람의 심리는 이기고 싶은 욕망이 있어 서로 이기려고 공을 따라 움직이다 보면 날씨와 상관없이 온몸은 땀으로 젖게 되지만 그래도 몸은 가볍고 기분도 상쾌해진다.

10시가 되면 손자를 봐 주기로 며느리와 약속을 해서 그사이에 운동을 하려니 아침이면 언제나 이렇게 나 혼자 마음이 바쁘다. 어떤 일이 있어도 아기만큼은 엄마가 키워야 한다고 강조를 했기에 며느리는 아기 봐 달라는 말은 없었다. 하지만 내가 자청해서 손자를 봐 주느라 아침이면 이렇게 바쁘게 움직인다. 요즘은 경기마저 점점 어려워 자영업을 하는 아들을 며느리가 도와주게 되면서부터 시작된 일이다. 가정에 조금이라도 더 보탬이 되지 않을까 해서 아기를 유아원에 보내고 출근하겠다는 며느리 말에 아기가 아직은 너무 어리니 3월까지만 내가 봐준다고 했다.

10시가 되어 아들집 앞에 당도해서 전화를 했더니 며느리가 아기를 업고 나왔다. 아기를 카시트에 앉히고, 과자를 손에 쥐어주니 엄마와의 헤어짐도 모르고 방긋 웃으며 손만 흔든다. 순간 내 가슴 밑바닥에서 뭔가 뭉클하며 코가 시큰해진다. 며느리를 뒤로 하고 도로를 달리는데, 아무것도 모르고 웃으며 손을 흔들던 아이가 자지러지게 울어댄다. 어쩔 수 없이 비상 라이트를 켜고 차를 도로가에 세운다.

아들만 둘을 키우던 나는, 딸은 생각도 못 했는데 남편 성화에 못 이겨 34살에 막내딸을 낳았다. 늦게 얻은 예쁜 딸을 애지중지 키우다가 남편의 사업이 실패하자 다시 사업을 일으켜 세워보겠다고 여기저기서 빚을 얻어 내가 직접 사업에 뛰어 들었다. 그러자 금지옥엽 키우던 딸이 걸림돌이 되었다. 생각 끝에 친정엄마에게 도와달라고 부탁을 했더니 오빠와 올케언니도 흔쾌히 승낙을 하시고 시골에서 친정엄마가 올라 오셨다. 친정엄마에게 아기를 맡겨두고 출근을 하는데 뿌연 안개가 눈앞을 가리면서 가슴 속이 울컥하더니 희미해진 발부리에 눈물이 뚝뚝 떨어졌다. 그 눈물을 행여 친정엄마가 보고 가슴 아파할까봐 말없이 버스 정류장을 향해 뒤도 돌아보지 못하고 종종걸음으로 버스를 타고 출근하는데, 그칠 줄 모르고 흐르던 눈물을 나는 주체할 수 없으면서도 남이 볼까봐 숨죽여 조심스럽게 닦아내던 1983년 9월- 어언 30년 전 일이다.

오늘 내 며느리도 어쩌면 그날 나처럼 가슴이 아프리라.

"애야. 걱정하지 마라, 내가 아기 잘 봐줄게."

돌아서는 며느리 등 뒤에다 이 한마디 해주면 조금은 안심이 되지 않을까 했는데 며느리 역시 대답도 못한 채 발자국 소리만 잦아졌다. 마치 그 옛날의 나를 보는 것 같아서 마음이 더 아프다. 어쩌면 며느리도 그날의 나처럼 눈물을 펑펑 쏟으며 출근했을지도 모른다. 자식을 향한 부모의 마음은 모두가 이럴까, 아니 엄마의 마음이 이럴까? 그때가 언제인데, 눈물이 마를 만큼 세월이 흘렀는데 오늘도 내 눈물은 주책없이 아기 머리 위에 뚝뚝 떨어진다.

서른네 살의 두 여인

지난 겨울 하얀 눈이 소복소복 내리던 날, 애지중지 키워왔던 막내딸이 결혼을 했다. 꽃피고 새가 울면 식을 올리자던 신랑 측의 권유를 나는 거절했다. 하던 공부인데 논문은 통과를 하고 결혼을 하라고 했다. 나뿐만이 아니고 딸을 지도해 주시던 교수님도 막 물이 올라 공부하는데 만약 이 시기에 결혼을 하게 되면 논문은 차일피일 늦어지다가 심지어 십년이 걸려도 박사학위를 받을 수 없을지도 모른다며 결혼을 늦추라고 조언을 하셨다.

딸의 나이가 적은 것도 아닌데 내가 배짱을 부린 것이다. 마음 같아서는 취직해서 자리 잡고 결혼하라고 하고 싶었다. 요즘은 결혼 연령이 높아져서 남자 결혼 정년기는 서른다섯 살이고 여자는 서른이 넘어서 한다지만 내 딸은 많은 편에 속한다. 새해를 보름 남겨놓고 식을 올린 딸은 행운의 여신의 미소를 받아 결혼한 지 칠 개월만에 임신을 했다. 요즈음 색시들은 기후 탓인지 식생활의 문제인지 아니면 아스팔트로 포장된 도로가 많아 흙의 기운을 받지 못해서 그런지 불임 환자가 많다. 친정엄마 입장에선 걱정이 많았는데 딸은 다행히 큰 걱정을 덜어주었다.

오늘은 일산 킨텍스에서 유아용품을 세일한다는 소식을 듣고 구입하러 가는 중이다. 금,토,일 3일 간 한다는데 주말에는 사람이 몰려서 복잡하다며 미리 다녀오자는 딸의 말에 둘이서 가는 길이다. 강북도로를 타고 가는데 금요일이라 나들이 가는 차량과 유아용품을 사러가는 차량이 겹쳐졌는지 생각보다 일찍부터 길이 막혔다. 그래서 우리는 예정보다 늦게 목적지에 도착했다.

주차장에 차를 세우고 매장을 찾았는데 벌써 입구에서부터 신생아 용품 세일이라는 것을 알 수 있었다. 부른 배를 안고 들어가는 임산부들이 많았기 때문이다. 어떻게 그렇게 많이들 알고 왔는지 나는 입만 딱 벌릴 뿐 말문이 막혔다. 신생아 용품은 입구에서부터 진열이 되어있는데 얼마나 아기자기하고 예쁘고 귀여운지 젊은 임산부의 눈길을 잡아끌기에 충분했다.

나는 첫아이를 스물여섯에 낳았고 둘째를 이 년 후에 낳았다. 그때는 그렇게 예쁜 신생아 용품이 있는 줄도 몰랐다. 아기 기저귀도 광목을 사다가 양잿물에 푹푹 삶아서 백옥처럼 하얗게 만들어서 썼다. 그렇게 아들 둘을 건강하게 키웠다.

그 후 칠 년이란 세월이 흘렀는데 남편은 우리도 딸이 하나 있으면 좋겠다고 했다. 남편 친구들은 아들보다 딸이 더 많았다. 어쩌다 친구 집에서 놀다오는 날은 언제나 한마디씩 했다. 누구누구 딸들은 너무 귀엽고 예쁘다면서 딸이 있으니 집안 분위기가 다르더라고 했다. 그것이 딸을 낳고 싶은 이유였다. 아들 둘이 있는 우리 집은 아빠와 장난을 해도 칼싸움이나 총싸움 아니면 권투였다. 조그만 실수에도 다치고 피가 나고 집안이 조용할 날이 하루도 없었다. 그래, '딸을 키우는 집은 뭔가 모르게 부드럽고 아기자기하며 예쁘지 않을까?' 나도 그런 생각이 들었다.

그때는 정부에서 산아제한을 권장했다. 겁이 많은 나는 병원에도 못 가고 서른세 살에 셋째를 임신했다. 행여 남편의 소원대로 딸을 낳을 수 있을까? 하는 작은 희망이 내 마음속에도 있었나 보다. 그때만 해도 늦은 나이에 배가 불러오는 것을 나는 창피하게 생각했다. 그래서 시장에 가려면 남의 눈을 피해서 밤늦게 다녔다. 그러던 겨울 어느 날 만삭의 몸으로 시장에 다녀오다가 넘어졌다. 골목길에 안전지대를 못 보고 미끄러져 넘어진 것이다. 나는 아픈 것도 잊은 채 남이 볼까봐 흩어진 물건만 주섬주섬 주워 담아 집으로 돌아왔다. 창백해진 내 얼굴을 본 남편은 놀라서 소리를 지르며 야단을 했다. 내가 밤에만 시장에 다니는 이유를 이미 알고 있었던 것이다. 남편은

"과부가 애를 가졌기에 고양이처럼 밤에만 시장을 다녀?"

하며 다시 또 버럭 소리를 질렀다. 남편도 속으로는 걱정이 되었을 텐데 고향이 이북이다 보니 급한 성격을 참지 못했다. 넘어진 것도 아픈데 남편이 소리를 지르니 나는 서러움에 눈물을 참을 수가 없었다.

그런데 지금 젊은 여인들은, 아니 내 딸부터 임신을 하고나니 남편은 물론 시집에서도 여왕 모시듯 한다. 딸의 시어머님도 멀리 계시지만 가끔씩 반찬과 과일을 고속버스로 보내오신다. 택배로 부치셔도 될 텐데 하룻밤 지나면 음식이 맛이 없어진다며, 작은 것 하나에도 신경을 쓰시면서 힘들게 준비해서 보내주신다. 어찌하랴! 시대가 바뀌어 시어머니

가 시집살이를 하는지 며느리가 시집살이를 하는지 분별이 안 되는 세상인 것을.

나는 서른네 살, 2월에 막내딸을 낳았다. 그런데 딸은 9월 말경에 첫아들을 낳을 예정이란다. 계절로는 가을이니 산모에게는 더 좋은 날씨가 아니겠는가. 나는 서른네 살에 막내딸을 낳았고, 딸은 서른네 살에 첫아들을 낳을 예정이다. 우리는 똑같은 서른네 살에 아기를 낳지만 나는 미개인처럼 살았고, 딸아이는 문명이 발달한 최첨단 시대에 살고 있다. 내일은 초음파검사를 한다고 또 함께 가자고 한다. 아기의 모습을 자세히 볼 수 있는 기회를 특별히 엄마에게만 준다며 큰 소리를 땅땅 친다. 이 얼마나 좋은 세상인가? 태아가 엄마 뱃속에서 노는 모습을 볼 수 있다니. 우리는 열 달이 되어서야 "으앙" 소리와 함께 아이와 첫인사를 나눌 수 있었는데….

문명이 발달한 현실이 좋기도 하지만 때론 두렵기도 하다. 그래도 자고 나면 외손자를 만나볼 수 있다는 설렘에 잠은 오지 않고 내 지난날만 영화 필름처럼 스쳐가는 데 기분이 야릇하다.

배롱나무

오랜 가뭄이 지속되고 있다.

사람이나 동물은 물론 식물까지도 하늘을 원망하며 무더위를 견디고 있었다. 거대한 대지도 가뭄을 이기지 못하고 거북이 등처럼 갈라져 상처투성이가 된지 오래다. 모든 식물들은 갈라진 땅이라도 뿌리를 내리려고 발버둥치고 있었다. 그러나 아무리 버둥거려도 자연 앞에서는 한낱 풀잎의 이슬 같다는 생각이 들었다.

아침부터 흐렸던 하늘이 단비로 변해 보슬보슬 내린다. 반가운 마음에 우산을 들고 아차산 생태공원으로 발길을 돌렸다. 마음 같아선 비를 맞으며 걷고 싶었지만 참기로 했다.

삼십 년 전 내가 이곳으로 이사를 왔을 때는 대궐 같은 단독집이 많고 주위가 푸르른 아름다운 동네였다. 그러나 어느 해부터인가 하나 둘 단독집은 사라지고 연립주택이 들어서기 시작했다. 그러다 보니 지금은 연립주택 촌이 되었고 세대가 늘어나다보니 자연 주차장 부족으로 때론 이웃과 얼굴을 붉히게 되는 때도 있다.

이곳 생태공원도 그때는 별로 쓸모없이 놀고 있던 구릉지 땅이었는데 지금은 구청에서 생태공원으로 조성해서, 자연 학습장으로 개방해 유치원생은 물론 초중학생들까지 주말이면 언제나 인산인해를 이루고 있다. 층층계단으로 단장을 한 꽃밭에는 형형색색의 많은 꽃들이 멋을 맘껏 부리며 반가운 손님을 맞이하듯 내리는 보슬비를 반기고 있다.

그 중에서도 무늬 비비추꽃은 보라색으로 한 줄기에 여러 송이가 매달려 피다 보니 제 무게를 이기지 못하고 땅을 내려다보고 서 있다. 그 모습이 마치 아직도 해야 할 일이 많은 중년의 여인처럼 힘들어 보인다. 그 반면 부채꽃은 하늘이라도 찌를 듯이 당당하게 서 있었지만 꿀을 찾아 날아온 왕벌의 무게를 이기지 못하는지 버거운 듯 바람에 이리저리 흔들리고 있다. 아직은 연약한 소년이라고나 할까.

나는 이곳저곳에 피어있는 이름 모를 수많은 꽃들과 친구되어 하염없이 걸었다. 오랜만에 포근한 고향 길을 걷는 기분이었다. 얼마를 걸었을까, 고개를 들어보니 배롱나무 가지에 매달린 붉은 꽃송아리가 바람에 그네를 타고 있다. 옆 도랑이 논에 심어놓은 벼는 꽃들을 시샘이라도 하듯 저도 꽃술을 달고 고개를 쏘옥 내밀고 미소 짓고 있다. 풀숲으로 마실 나온 개구리들이 내 발자국 소리에 화들짝 놀라 물속으로 뛰어드느라 여기저기서 풍덩풍덩 요란한 소리를 낸다. 마치 어린 시절 메뚜기를 잡으러 논두렁을 걸을 때 그 느낌이 들었다.

배롱나무 꽃도 여기저기 많이 피어 있었다. 배롱나무 꽃은 꽃이 피면 백일을 간다 해서 백일홍이라고 부르기도 한다. 어릴 적 고향에서는 배롱나무를 손톱으로 살금살금 긁어주면 잎이 움직인다 해서 간지럼나무라고도 했다. 껍질은 어릴 때는 연한 붉은 갈색이었다가 자라면서 점점 얇은 조각으로 떨어지는데 그때 나무에는 흰 무늬가 생겼다. 배롱나무 꽃은 월경과다, 설사, 장염 등에 지혈효과가 있다는 속설에 약을 구하기 힘들었던 우리 엄마들은 약 대신 배롱나무 꽃을 민간요법으로 쓰기도 했다. 배롱나무 꽃은 칠월부터 피기 시작해서 원추꽃 차례로 벼가 누렇게 익을 때까지 피고 지고를 반복했다. 그래서 고향에서는 배롱나무 꽃이 세 번을 피고지면 쌀밥을 먹을 수 있다고 어른들이 말씀하셨다. 어려운 보릿고개나 무더위도 아름다운 꽃을 기다리는 것보다는 아마 쌀밥을 먹기 위해 손꼽아 기다렸던 어린시절이 아니었나 생각해 본다.

내가 살던 마을은 열두 칸 기와집 몇 채와 나머지는 모두 초가집이었다. 산으로 둘러싸여 있는 초가집들은 마치 소쿠리에 달걀을 담아 놓은 듯이 옹기종기 모여 살았다. 동네 가운데 있는 우물은 우리들의 생명줄이었고 우물가 주위에는 벚꽃나무와 동백꽃, 배롱나무도 있었다. 봄에 벚꽃이 활짝 피어 봄바람이 산들산들 불어오는 날은 꽃잎은 꽃비가 되어 맑은 우물 속에 동동 떠있기도 했는데 그 모습은 마치 동화 속 나라를 보는 듯 했었다. 벚꽃이 지고 잎이 무성해지면 배롱나무 꽃이 만발해서 우물가에는 언제나 그림처럼 아름다운 꽃들의 잔치가 벌어졌다.

보슬보슬 내리던 비가 소나기로 변해 쏟아부어 주었으면 하는 바람이었지만 마음 뿐 오늘도 기다리는 소나기는 내리지 않고 어느새 비가 그치고 해님이 방긋 웃는다. 주황색 애기범부채 꽃이 햇빛에 수줍은 아가씨처럼 고개를 숙이고 있는데 그 주위를 벌과 나비가 뱅뱅 돌면서 꿀을 따기에 여념이 없다.

꽃에 빠져들어 시간가는 줄도 모르고 얼마나 많이 걸었는지 다리가 아파 의자에 앉아 쉬다가 어릴 때 들었던 배롱나무가 간지럼을 탄다는 말이 생각나서 다시 배롱나무 밑으로 발길을 돌렸다. 확인하고 싶었다. 정말 사람도 아닌 나무가 간지럼을 탄다는 말을 나는 믿을 수가 없었다. 어릴 때를 생각하며 손톱으로 배롱나무를 긁어보았다. 정말 나뭇잎이 흔들리는 것처럼 보였다. 정말인가 싶어 손에 힘을 빼고 다시 살금살금 긁어 보았으나 이번에는 나뭇잎이 흔들리지 않았다. 그래서 몇 번을 반복해 긁어보았지만 나뭇잎은 흔들리지 않았다. 아마도 어릴 때는 손 힘 조절을 못해서 가끔 나무가 흔들리지 않았나 혼자 생각하다가 내 모습을 남이 볼세라 주변을 둘러보았다. 잠깐의 비에 목을 축여 한층 파릇해진 나무와 더욱 화사해진 꽃들이 웃고 있다. 나도 따라 배시시 웃는다.

매 맞은 남편

나는 테니스를 1985년 5월부터 배우기 시작했다.

워낙 달리기를 못해 초등학교 다닐 때도 운동회 날이 다가오면 걱정이 앞섰다. 운동회 날은 7~8명씩 달리기를 했는데 언제나 꼴찌에 가까웠다. 달리기를 잘 해서 상품으로 공책과 연필을 타는 애들이 그렇게 부러울 수가 없었다.

1984년 봄부터 남편은 테니스를 배우기 시작하더니 주말에는 동이 트기도 전에 라켓을 들고 나가면 밤이 늦어서 집으로 돌아왔다. 도대체 뭐가 그렇게 재미있을까 궁금하기 시작했다. 주말이면 아빠가 애들과 함께 놀아주기도 해야지, 올빼미처럼 깜깜한 새벽에 집을 나가 밤에 들어온다고 투정도 하고 때론 목소리도 커졌다. 그러나 남편은 아무런 반응도 없었다.

어느 일요일 아침 나는 큰아이에게 동생들을 부탁하고 테니스장으로 뛰어갔다. 테니스장은 생각보다 멀었고 애들만 두고 나온지라 마음이 조급해 이마에서 땀이 흘러 내렸다. 그냥 갔다 온 것만도 운동이 될 것 같았다. 남편 몰래 갔으니 가까이서 볼 수는 없었다. 조금 멀리 서서 남편을 찾아보았다. 그런데 이게 웬일인가? 남편은 아가씨들과 웃으며 신나게 운동을 했다. 쉬는 시간이면 맥주도 한 잔씩 주고받으며 정말 재미있는 분위기였다.

'그럼 그렇지! 저렇게 재미있는데 집에 들어올 생각이 있겠어? 집에 있어봐야 애들과 마누라 잔소리 때문에 귀찮을 텐데' 생각하다 '아니야, 그럼 나도 한번 배워봐야겠다!' 다짐하고 다시 집으로 뛰어왔다.

그날 밤늦게 들어온 남편에게 나도 테니스를 배우겠다고 했다.

"생각 잘 했어. 정말 좋은 운동이야, 재미도 있고. 내가 레슨비는 코치에게 직접 줄 테니 내일부터 애들 학교 보내고 오전에 가서 운동해. 땀을 흘리고 나면 스트레스도 풀리고 얼마나 기분이 상쾌한지 몰라."

남편은 마치 기다렸다는 듯이 테니스에 대한 설명을 죽~ 늘어놓았다. 나 역시도 뭔가 운동을 해야겠다는 생각은 했지만 테니스는 과격한 운동이라서 감히 배울 생각은 못했었다. 그런데 남편이 테니스를 치는 모습을 보고는 마음이 달라졌다.

다음날 처음으로 테니스장에 갔다. 전날에는 아가씨로 보았는데 가까이 보니 아줌마들이었다. 하얀 미니스커트에 예쁜 티와 챙모자를 쓰고 운동을 하고 있으니 뒤에서 보기에는 아가씨로 보였던 것이다. 남편은 벌써 나에 대해 이야기를 했는지 코치는 테니스에 대한 별 이야기 없이 간단한 준비 운동을 시키고 바로 스윙 연습부터 들어갔다. 레슨은 이십 분이었는데 그 이십 분이 얼마나 긴지 땀은 흘러내리고 눈앞에서는 노란 반딧불이 수도 없이 날아다녔다. 나는 저혈압에다 빈혈까지 있어 더욱 심했다. 그렇게 힘든 한 달을 보내고 나는 남편에게 항복했다. 돈 들이고 온몸이 아파 도저히 못 배우겠으니 레슨비를 나에게 주면 그 돈으로 애들하고 과일 사먹고 놀 테니 당신 혼자 하라고 했다. 하지만 남편은 정 힘들면 레슨은 받지 말고 거기까지 다녀오기만 해도 운동이 된다고 하면서도 레슨비는 코치에게 직접 주었다. 레슨비가 아까워 나는 힘들지만 부지런히 다녔다. 나중에야 알게 되었지만 남편은 그 점을 이용했던 것이다.

그렇게 힘든 레슨을 3개월 받고 나니 비로소 테니스의 재미를 느끼기 시작했고, 코치가 던져주는 공을 어쩌다 라켓 중심에 받아 공이 네트를 넘어 날아가기 시작했다. 참 신기하고 재미있었다. 그 후부터 테니스에 매력을 느껴 일 년 동안 레슨을 받고 이사를 했는데 다행히 집 근처에 테니스장이 있어서 다니기 좋았다. 다시 레슨을 시작했고 그 후 몇 개월이 지나면서부터는 잘하는 사람들과 조를 짜서 게임도 시작했다.

그날도 오전 운동을 마치고 집에 왔는데 다시 전화가 왔다. 지금 몇 사람이 모여 게임을 하는데 빨리 나오라고 했다. 하던 일도 뒤로 하고 후닥닥 뛰어나가 운동을 하다가 저녁이 되어 집에 왔다. 하루가 힘들었는지 일찍 잠이 들었다.

태양은 열기를 가득 품고 내려쪼이는데 나는 땀을 뻘뻘 흘리며 레슨을 받고 있다. 달리기가 늦은 나는 남보다 몇 배 더 노력해야 한다. 공이 날아오면 이리 뛰고 저리 뛰고 열심히 쳤다. 이번에는 공이 높이 날아온다. 팔을 번쩍 들어서 탁 하고 쳤다. 이젠 옆으로 날아온다. 손을 옆으로 뻗어 탁 쳤는데 철~썩 하는 소리가 들렸다. 깜짝 놀라 눈을 떴다. 이게 웬일! 옆에서 곤히 자고 있는 남편 얼굴을 사정없이 쳤던 것이다. 남편은

깜짝 놀라 일어나더니

"당신 지금 뭐 하는 거야?"

나도 놀라 할 말이 없었다.

"어머, 꿈속에서 테니스 레슨 받다가 공을 친다는 것이 당신 얼굴을 쳤네요. 미안해요, 많이 아파요?"

했더니 화를 내려다 말고

"이제는 내가 매까지 맞고 사는구만!"

평소에는 잘 치지도 못하는 공을 어쩌면 그렇게 정확하고 야무지게 쳤는지, 남편은 연신 뺨을 어루만졌다.

그렇게 큰 실수까지 하면서 배운 테니스를 지금도 꾸준히 하고 있다. 테니스를 시작한 지가 삼십 년이 된 것 같다. 그 덕분에 지금은 빈혈과 저혈압도 모두 정상이 되었고, 지난해 건강 검진을 했는데 골밀도도 젊은 사람 같다며, 담당의사 선생님이 비결이 뭐냐고 물으셨다. 운동을 많이 한다 했더니 앞으로도 꾸준히 운동하라고 했다. 아마도 저혈압과 빈혈도 라켓으로 날려 버렸나보다.

지금은 건강에 좋은 식품이 많아서 누구나 자신의 건강을 지키기 위해 많은 노력을 하면서 살지만 운동만큼 좋은 것이 없지 않나 싶다. 하지만 이제는 나이가 있어 테니스는 무리한 운동이 아닌가 하는 생각도 들어 좀 더 유연한 운동으로 전환하는 중이다. 운동을 처음 시작했을 때는 이유 불문하고 밀어붙이는 남편이 야속하고 미웠는데 지금 생각해보니 고마울 뿐이다. 꿈속의 실수에 대해 남편은 가끔 친구들과 농담을 한다. 마누라에게 잘못하면 자다가도 매를 맞으니 잘하라고.

낚시

오늘은 겨울답지 않게 따사로운 햇볕이 창틈을 비집고 들어왔다. 눈이 부셔 엉거주춤 일어나 거울 앞에 앉았다. 거울에 비친 내 얼굴이 처음 본 사람처럼 낯설다. 헝클어진 머리에 주름진 얼굴, 벌떡 일어나 차가운 물에 얼굴을 씻고 정신을 차렸다. 추한 모습을 보이며 사는 것은 죽기보다 싫다고 했던 나였다. 젊어서는 한 번쯤은 세수를 하지 않아도 봐 줄 수 있었는데 지금은 삶의 흔적이 얼굴에 온통 실개천이 흐르듯 잔주름으로 남았다.

햇볕에 이끌려 운동을 나왔지만 눈부신 햇살은 공을 두 개로 보이게 했다. 두 개로 보이는 것은 공뿐이 아니고 모자를 쓰고 있는 상대편 사람의 머리도 둘로 보였다. 안과에 가서 검사도 했지만 아무런 이상이 없다고 한다. 독감으로 며칠을 먹지도 못한 채 누워있었더니 체력이 떨어진 것 같다. 세월 이기는 장사 없다더니, 생각다 못해 나는 남편과 평소에 다니던 한의원을 방문했다. 그는 남편의 오랜 친구다. 두 사람은 오랜만의 만남에 반가워했다. 내가 진찰을 받는 사이에 남편은 시장 구경을 한다며 나갔다. 나는 진찰 후 한약 한 재를 지었고 약은 직접 다려서 택배로 보내주기로 했다. 편리한 세상이다.

한의원을 나서는데 남편이 들고 온 검은 봉지 속에서 물체가 푸드득거린다. 섬뜩한 생각에 몸이 먼저 스물스물 움츠려 든다. 그래도 궁금해서 살짝 들여다보니 살아있는 붕어다. 잽싸게 봉지를 묶어 한쪽에 두었다. 나는 아직도 살아있는 생선을 못 만진다. 아니 죽을 때까지 못 만질 것이다. 남편은 내가 약을 짓는 사이에 약을 하려고 붕어를 산 것이다. 나는 아직도 붕어라면 피가 머리끝까지 솟는 기분인데.

어느 날부턴가 남편은 낚시를 다니기 시작했다. 나는 낚시를 싫어했지만 남편이 운전을 못했기 때문에 어쩔 수 없이 낚시터까지 태워다주고 태워왔다. 그런데 날이 갈수록 횟수가 잦아들면서 사업과 집은 나 몰라라 하고 일주일에도 몇 번씩 다녔다. 그러던 어느 해 4월, 합천에 있는 거래처에 문상을 가야했다. 밤길에 이슬비까지 내려서 시골길은 말 그대로 칠흑같이 어두웠다. 지금처럼 내비게이션이 있는 것도 아니고 사람도 없어 길을 물을 수도 없었다. 얼마를 헤매다가 밤이 깊어서야 우리는 상가 집에 도착했다. 어렵게 문상은 했지만 또다시 잠자리가 걱정되었다. 그렇다고 그 밤에 서울까지 운전하고 올라갈 용기는 더더욱 없었다. 살짝 옆 사람에게 물어보았더니 해인사 근처에 가야만 방을 구할 수 있다고 했다. 또다시 어두운 길을 한 시간 이상을 달려 겨우 방을 구했다.

밤길 운전에 지친 나는 귀가 방바닥에 닿는 순간 잠이 들었다. 눈을 떠 보니 어제와는 달리 청명한 날씨와 봄바람이 발길을 가볍게 했다. 엎어진 김에 쉬어간다고, 기왕 여기까지 왔으니 해인사 구경을 하기로 했다. 대웅전과 팔만대장경을 겨우 구경했는데 남편은 빨리 서울로 가야한다고 재촉했다. 서울은 아는 길이니 밤에 도착해도 되지만 여기는 길이 멀어 구경하러 오기 힘든 곳이니 쉬엄쉬엄 가자고 했다. 그러나 남편은 무슨 약속이라도 있는 것처럼 빨리 가자고 재촉했다.

서울에 도착하자마자 남편은 주섬주섬 낚시도구를 챙기더니 빨리 낚시터까지 태워달라고 했다. 나는 말문이 막혔다. 무슨 특별한 약속이라도 있는 것처럼 재촉을 하더니 겨우 낚시 가려고, 구경도 제대로 못하고 달려온 것이 화가 났다. 하지만 반짝이는 햇살에 아쉬움을 달래며 낚시터로 향했다. 막상 낚시터에 앉아 하늘을 바라보니 엊그제 내린 소나기가 대지를 말끔히 씻어 내렸는지 나뭇잎은 한층 더 싱그러워져서 바라보는 눈까지 시원하게 했다. 뭉게구름도 나뭇가지에 걸려 해님과 술래잡기를 했다.

남편은 긴 낚시 줄을 던져놓고 숨을 죽이고 앉아있다. 그러다 빨간 찌가 쑤욱 올라오면 그 순간 재빨리 잡아챈다. 그러면 붕어는 목숨을 다해 살겠다고 두 눈을 부릅뜨고 이리저리 물길을 헤치며 남편과 힘겨루기를 한다. 그러나 결국 붕어는 지쳐서 끌려나온다. 그 순간에 낚시꾼들은 '손맛' 이라는 쾌감을 느낀다고 했다. 잔인하게도 손맛의 쾌감을 느끼기 위해 수많은 생명을 잡아 죽이는 남편이 한때는 소름이 돋을 만큼 싫었다.

낚시에 빠진 남편은 시간을 다투며 공부하는 고3 아들의 마음을 흔들어 놓기에도 충분했다. 그날도 남편은 낚시도구를 챙겨 메고 몇 사람과 낚시를 떠났다. 저녁을 먹고 얼마나 시간이 흘렀을까, 밤늦게까지 시험 공부하는 아들이 안쓰러워 간식을 들고 이층으로 올라갔다. 그런데 살며시 문을 여는 순간 말문이 막혔다. 아들은 공부를 하는 것이 아니고 창문을 열고 낚시를 하고 있었다. 빈 낚싯대를 아래층에 내려뜨려놓고 붕어를 낚는 흉내를 내고 있었다. 그 모습을 보니 머리가 핑했다.

시간을 다투며 공부를 해도 대학이란 관문은 통과하기가 어려운데, 아들보다 남편이 더 미웠다. 속이 부글부글 끓어올랐지만 야단을 칠 수도 없었다. 아들 마음이 낚시터에 있는데 무슨 공부가 되겠는가. 나는 말없이 내려왔다. 자식이 고3이면 부모도 고3이 되어야 한다는 말도 있는데, 남편 생각은 달랐다. 고3 정도 되었으면 자기의 인생은 본인이 스스로 만들어 가야한다고 생각했다. 지금 생각하니 그 말도 맞는 것 같다.

봉지 속에서 푸드득 거리는 붕어를 보니 지난날 낚시터에서 눈을 부릅뜨고 몸부림치다 결국 지쳐서 끌려나오던 붕어와 고3 아들이 빈 낚시를 하던 지난날이 안개처럼 스치고 지나간다.

자전거 여행

서랍 속에 낯익은 비디오테이프 한 장이 눈에 띄었다. 얼른 비디오 플레이어에 넣어보았다. 비디오 속의 나는 몸은 굳어있지만 얼굴은 함박꽃처럼 활짝 웃고 있다.

몇 년 전 친구가 자전거를 배우고 있다며 나에게도 배워보라고 전화를 했다. 몸집이 좋은 그 친구는 살도 빼고 특히 관절에 좋다고 해서 자전거를 배우기 시작한지 몇 개월이 되었다고 했다. 또 자전거를 배우다 보니 자신감도 조금씩 생겼다며 좋아했다. 친구는 나에게

"너는 테니스도 치고 운전도 할 줄 아니까 금방 배울 거야."

하면서 자기는 자전거에 올라앉아 바퀴 돌리는 데만도 일주일이나 걸렸다면서 배울 때 힘들었던 이야기를 실타래 풀어내듯이 쉬지 않고 했

다. 나도 내가 운전을 배울 줄은 몰랐는데 급하니까 죽기를 무릅쓰고 배웠다. 그리고 운전을 배우고 나서 나 역시 무엇이든 할 수 있겠다는 자신감도 들었었다. 그러나 자전거는 못 타도 살아가는데 별로 불편한 일이 없을 것 같고 무섭기도 해서 배울 생각을 하지 않았다. 그런데 그 친구는 끈질기게 나를 설득했고, 그래도 듣지 않자 어느 날 아예 수강료를 지불했다고 전화가 왔다. 그리고 한번 접수한 수강료는 돌려주지 않는다고 엄포를 놓으며 배우고 나면 결코 후회하지 않을 거라고 했다.

나는 수강료를 돌려받을 수 없다는 말에 구경이라도 할 겸 올림픽 공원으로 갔다. 그런데 막상 자전거를 타는 사람들을 보니 배우고 싶다는 충동이 일었다. 그런데 머리에는 헬멧을 쓰고, 옷은 몸에 착 달라붙어 윤곽이 모두 드러난 복장이라 처음에는 바라보기에도 얼굴이 화끈거렸다.

선생님은 첫날은 자전거를 끄는 연습부터 시켰다. 자전거를 오른쪽에 두고 끌면 시골동네 이장이 타는 모습이라며 우리는 좀 더 우아하게 왼쪽에 자전거를 두고 오른 발부터 페달에 올라타야 한다며 빙긋이 웃었다. 그 말도 사실은 우아하게 보이려는 것이 아니고 안전을 위해서 자전거는 차도 쪽, 사람은 보도 쪽에서 타게 하려던 것이었다.

겁이 많은 나는 연습 중에 조그마한 장애물만 보아도 소리소리 지르며 쓰러지곤 했다. 그렇게 공원이 떠들썩하게 요란을 떨며 얼마 동안을 배웠을까? 시내에 나가는 연습을 해야 한다고 아산병원 뒤 언덕 내리막길을 자전거를 타고 내려가기 연습을 시켰다. 나는 아직 자전거를 타기도 전부터 가슴은 쿵쾅거렸고 손발도 떨렸다. 앞에 가는 사람을 보니 마치 자전거가 거꾸로 서는 느낌이었다. 숨이 꽉 막히는 것 같았는데 선생님은 인정사정없이 언덕을 내려가라고 했다. 그래도 다행히 넘어지지 않고 잘 해냈다. 몇 사람은 넘어지기도 했고 또는 브레이크를 잡지 못해

멀리까지 가버린 사람도 있었다. 그렇게 힘든 과정을 몇 번 치르고 난 다음 더 힘든 과정이 기다리고 있었다. 산 넘어 산이었다.

하루는 70~80명이 모여 올림픽 공원을 출발해 광화문 광장까지 달렸다. 차선 하나를 점령하고 선생님이 선두에 섰고 꽁무니에는 화물차가 따랐다. 만약 낙오자가 생길 경우를 대비해서다. 광화문 광장에 도착해 잠시 쉬었다가 인원을 체크하고 다시 서대문을 지나 마포대교를 건너 여의도까지 완주하는 행사였다. 거기까지 마치고 나서 선배들은 자유롭게 다시 올림픽 공원까지 자전거를 타고 새가 날아가듯 유유히 사라졌다. 그러나 초보자들은 자전거는 화물차에 실어 보내고 각자 알아서 집으로 갔다.

그렇게 힘든 코스도 무사히 마치고 나니 또 다른 코스가 기다리고 있었다. 마지막 코스는 월드컵 경기장 하늘공원까지였다. 그 코스가 끝나고 나면 2박 3일 제주도 여행을 떠나기로 되어 있었다. 월드컵 경기장 코스는 몇 십 명이 갔었는지 기억도 없다. 평지는 자신 있다고 생각했는데 한강 다리가 눈에 보이면서 가슴이 뛰기 시작했다.

다리에 진입했는데 오른쪽에는 차가 씽씽 달리고 왼쪽에는 시퍼런 물이 넘실거리면서 마치 나를 끌어당기는 것처럼 느껴졌다. 온몸에 있는 힘을 다해서 달렸다. 이미 몸은 땀으로 범벅이 되었고 너무 긴장한 나머지 이마에서 흘러내리는 땀은 닦을 수가 없었다. 어렵게 월드컵 경기장 하늘공원에 도착했지만 나는 이미 지칠 대로 지쳐서 점심 먹을 힘도 남아있지 않았다. 다들 쉬었다 함께 가자고 했지만 지하철을 타고 집으로 돌아왔다.

그렇게 힘든 과정을 마치고 얼마 후 드디어 제주여행을 떠났다. 자전거는 선생님이 시키는 대로 각자가 분해해서 가방에 넣어 화물로 부치고 제주공항에 도착해서 다시 조립했다. 그때부터 제주도의 이곳저곳과 해안도로 여행이 시작되었다.

첫날 여행 때는 노란 유채꽃과 귤나무가 손을 흔들며 우리를 반겨주었다. 둘째 날은 도깨비 도로를 달리는데 보기에는 평지 같아 보이지만 사실은 언덕이어서 자전거는 끼욱끼욱 소리만 낼 뿐 속도는 내지 못하고 힘만 들었다. 뒤 따르던 선생님은 답답한 마음에 등 뒤를 한 손으로 밀어주었다. 그 힘 덕분에 무사히 올라가는데 내 뒤를 따르던 여인이

"선생님, 안덕 씨만 밀어주지 말고 저도 밀어주세요."

한다. 그 말에

"안덕 씨는 밀어주면 앞으로 가지만 후자 씨는 밀어주면 뒤로 갈 텐데—"

하며 웃었다. 몸이 뚱뚱하다는 표현이었다.

여행 마지막 날, 시원한 바닷바람을 맘껏 마시며 그런 대로 자신있게 해안도로를 달렸다. 잠시 휴식을 취하고 나니 이제는 뒤에서부터 출발하라고 했다. 그런데 몇 번째 가던 나는 모퉁이를 돌아가려던 찰나 관광버스가 나타나자 그만 으~악 소리를 지르며 넘어지고 말았다. 나는 그렇게 요란스러운 자전거 여행을 마쳤다.

그때의 모습들을 선생님이 앞뒤로 다니며 첫날부터 마지막 날까지 하나도 빠뜨리지 않고 비디오에 담아 선물로 주셨던 그 비디오 테이프였다.

내일은 오랜만에 자전거나 타볼까?

지리산 천왕봉

지리산 천왕봉을 등반하기 위해 고속버스에 몸을 실었다. 올해는 날이 가문 탓에 평소 같으면 모내기가 한창일 들녘에는 아직도 모내기를 못 한 채, 거북이 등처럼 갈라진 논과 목말라 축 처진 밭곡식들이 긴 가뭄을 말해주었다. 고양이 발톱이라도 빌릴 만큼 바쁘다는 모내기철에 한가하게 등산을 가는 것이, 차창 밖 농부들의 모습이 스치고 지나갈 때는 미안한 마음도 들었다.

동서울터미널에서 출발한 고속버스는 함양을 거쳐 목적지인 지리산 백문동에 네 시간 삼십 분 후에 도착했다. 아름다운 만큼 오르는 길 또한 만만치 않다는 이야기는 익히 들어 알고 있었기에 오늘의 목적지는 지리산 중턱 장터목 대피소까지로 정했다.

장터목이란 명칭은 경남 산청군 시천면 사람들과 함양군 마천면 사람들이 물물교환을 하거나 물건을 사고팔던 것에서 유래되었다고 했다. 장터목 대피소는 1971년도에 40명을 수용할 수 있는 규모로 '지리산 산장' 이라는 이름으로 시작되었다고 한다. 이후 1986년부터 80명을 수용하다가 1997년부터는 150명을 수용할 수 있는 규모로 확장되어 현재는 탐방객과 등산객들의 편의 및 안전을 위해 예약제로 운영되고 있었다.

장터목으로 가는 길은 처음부터 돌계단으로 되어 있어서 우리 일행들을 긴장시켰다. 다행히 뜨거운 햇살은 우거진 숲의 그림자가 가려주었다. 이것만도 얼마나 다행한 일인가. 우리는 허기를 면하기 위해 준비해 온 물과 간식을 수시로 먹으며 한 계단 한 계단 기도하는 마음으로 발을 옮겨 보았지만 시간이 갈수록 온몸은 땀으로 젖어가고 여기저기서 힘들어 끙끙대는 소리만 들렸다. 그나마 지친 우리의 마음을 아름다운 새소리가 달래 주었다.

우리는 초행이라 이 길이 얼마나 힘든 길인 줄도 모르고 선택했다. 사람의 인내가 어디까지인지, 우리 초보 일행은 시작부터 끝까지 돌계단으로 이루어진 길을 네 시간 이상을 걸어 무사히 장터목 대피소에 도착했다. 도착한 우리는 각자 두 다리에 감사하며 내일을 위해 스스로 마사지를 했다.

1,800 고지에서 우뚝우뚝 솟아오른 산봉우리를 바라보니 가슴이 뭉클했다. 심호흡을 하고 바라보는 산봉우리는 하늘에 매달려 있는 것처럼 보였지만 손만 뻗으면 잡을 수 있을 것처럼 가까워 보이기도 했다. 일몰 전, 여기저기서 저녁밥 준비를 하는 구수한 냄새가 코를 벌름거리게 했다. 삼겹살을 굽는 사람이 있는가 하면 라면을 끓이는 사람도 있었다. 우리는 겨우 밥과 김치찌개를 준비했다. 삼겹살은 감히 가지고 올 생각도 못했다. 그래도 시장이 반찬이라고 높은 고지에서 먹는 밥은 꿀맛이었다.

일행들은 힘들다며 모두 대피소로 들어갔다. 하지만 나는 방에 누워 있기에는 시간이 아까워 일몰을 보기로 했다. 얼마가 지났을까? 대지를 삼켜 버릴 듯이 이글거리던 태양은 수줍은 새색시처럼 흘러가는 구름 속에 얼굴을 감추고 부챗살처럼 그림자만 남겨 놓는가 하면 때론 활짝 웃는 얼굴을 살며시 보여주기도 했다. 높은 고지에서 바라보는 일몰은 말 그대로 장관이었다. 이때를 놓칠 새라 여기저기서 사진을 찍느라 셔터 소리가 고요한 정적을 깨웠다. 나도 또다시 볼 수 없을 것 같은 생각에 한몫 끼어들어 추억의 갈피에 담았다.

밤이 되니 기온차가 심해서 추워졌다. 대피소에서 준비한 모포 두 장에 몸을 맡기고 잠을 청해보았지만 여기저기 코고는 소리에 잠을 잘 수 없어 자는 둥 마는 둥 했다. 새벽 세시가 되자 일출을 보기 위해 천왕봉에 올라가려는 사람들이 웅성거리기 시작했다. 미처 일출을 볼 생각을 못한 우리 일행은 전등도 준비 못해 일출 보는 것은 포기하고 날이 밝으면 오르기로 했다.

이윽고 날이 밝아 천왕봉을 향해 걷기 시작하는데 가파른 돌계단이 또 우리를 맞이했다. 몇 계단을 오르다 말고 세 사람이 어제의 돌계단 행군이 힘들었는지 일찌감치 포기하고 돌아섰다. 나는 여기까지 왔는데 고지를 눈앞에 두고 포기할 수 없어 한 계단 한 계단 오를 때마다 감사와 인내를 계단 속에 묻으며 걸었다.

하늘에 닿아있는 운해의 장관을 말로 어찌 다 표현할 수 있을까? 그렇게 한 시간을 올라 드디어 통천문을 지나 천왕봉에 도착했다. 천왕봉의 높이는 1,915미터로 제주 한라산을 빼고 남한에서 제일 높은 산이며 지리산 8경 가운데 제 1경으로 일출이 가장 아름답다고 했다. 그런데 아쉽게도 우리 초보 일행은 일출은 보지 못했다.

기쁨도 잠시 절경에 취해서 실수를 했는지, 다른 등산객 두 사람이 기념사진을 찍으려다 바위에서 추락해 다리가 골절되었다며 앉아있었다. 목격자에 의하면 사람이 마치 공이 튀듯이 통 통 통 세 번이나 튀어 추락했다며 다리만 골절된 것이 불행 중 다행이라고 했다. 그 사람은 얼마나 놀랐는지 다시는 등산을 안 할 거라고 말했다. 119헬리콥터를 부른지 십여분 후 헬리콥터가 날아왔고 우리들은 바위를 꼭 껴안고 바람을 피했다. 헬리콥터는 바람을 가르며 내려앉았고 구급대원들은 빠른 손놀림으로 환자를 헬리콥터에 싣고 다시 바람처럼 사라졌다.

사람이 살아가는 데는 행복과 불행이 함께 하기에 어느 한 순간도 방심하면 안 된다는 교훈을 되새기며 내려왔다. 그러나 처음이자 마지막이 될 지도 모르는 지리산 천왕봉을 구경한 대가는 혹독했다. 온몸의 기력이 다 소진되어 끝없이 아득하게 추락해버릴 정도의 몸살로 한동안 일어나지를 못한 것이다.

모든 아름다움에는 치명적이 독이 있다더니 역시나….

김장

옛날에는 배추를 시장통로에 산더미처럼 쌓아놓고 옆에다 작은 연탄 화덕 하나를 피워 놓고 언 손을 녹여가며 현수막까지 걸어놓고 팔았다. 많이 사는 사람에게는 몇 포기씩 덤으로 주기도 해서 훈훈한 정이 있었다. 그때는 의복도 지금보다 부실했고 그래서인지 날씨마저 더 춥게 느껴졌다. 손발이 꽁꽁 얼어 감각이 무디어질 정도로 날씨가 추웠지만 그래도 배추를 사면 상인들은 집까지 친절하게 리어카로 실어다 주었다. 그러나 지금은 그 모습도 옛날이 되었다. 그때는 김장이 반년 양식이다 보니 김치를 항아리에 가득가득 채워놓고 나면 마치 부자가 된 것처럼 행복했다.

올 겨울은 따뜻하다고 하더니 기상청 예보가 빗나갔는지 며칠 전부터 갑자기 춥기 시작했다. 여기저기서 겨울 준비를 하느라 소금에 절인 배추가 택배를 통해 집까지 배달되면서 택배직원들의 발걸음은 토끼처럼 쉴 새 없이 바쁘다. 그분들의 수고로 많은 사람들은 추위에 떨지 않고 김장을 할 수 있는 편리한 세상이 되었다. 그것뿐인가? 집집마다 김치 냉장고가 있어서 일찍부터 김장을 해도 맛이 변할 걱정이 없다.

우리 집에도 절인 배추 다섯 박스가 밤늦게 도착했다. 택배 물량이 많아서 늦었다고 택배직원은 미안해 한다. 70~80포기가 넘으니 가정집 김장으론 많은 편이다. 두 며느리와 딸까지 네 집 몫에다 여기저기 나누어 주고 싶은 마음에 늘 넉넉히 한다.

올해는 남원에 살고 있는 조카가 직접 가꾼 배추를 아픈 손으로 소금에 절여 깨끗이 씻어 보내왔다. 올해뿐만 아니고 몇 년째 배추를 절여서 보내오는데, 지난해는 손바닥 수술을 해서 손을 쓰기가 어렵다며 언니가 대신 절여 보냈단다. 나는 한 상자 한 상자를 마치 아픈 손의 붕대라도 풀듯 조심조심 풀어 보았다. 새색시의 치마 자락처럼 배추는 예쁘게 차곡차곡 담겨있었다. 마지막 한 상자를 풀어 보는데 가슴이 전류가 통하듯 찌르르하다. 구석구석 절인 갓과 당근, 순무 몇 개까지 상자 속은 빈틈없이 꽉 차 있었다.

무채는 언제나 큰아들이 썰어주었는데 언제부터인지 슬며시 작은아들 몫이 되었다. 우리는 그 덕에 편하게 다른 양념만 준비한다. 말이 편하게지, 잔잔이 손이 안 가는 재료가 하나도 없다. 밤에 온 식구가 모여 낮에 준비해둔 양념 속을 배추에 넣으면 된다. 주말이라 아들, 딸, 며느리, 사위까지 모두 모였다. 아롱사태 찜과 홍어, 김치에 삼합은 물론이고 굴까지 곁들인다. 김장을 한다기보다는 마치 잔칫날 같은 분위기다. 가족이 모두 모여 따뜻한 마음을 나누는 시간, 우리 부부는 이런 시간이 참 좋다.

오늘 밤에는 먹고 놀고 김치는 내일하자고 말했지만 밤 늦게까지라도 하고 내일은 푹 쉬자며 큰며느리가 서두른다. 그럼 각자가 자기 집 먹을 김치는 본인이 직접 배추 속을 넣어 담아가라 했더니 다들 더 열심히 담는다. 그래도 선물할 몇 통은 내 몫이다. 일하는 모습을 바라보니 먹는 것도 여럿이 먹어야 맛이 있고 일도 여럿이 해야 쉽다던 어머니의 말씀이 생각났다.

뒷정리까지 모두 끝내고 나니 새벽 한 시가 넘었다. 그래도 모두 피로한 기색은 찾아볼 수 없고 가득가득 담아놓은 김치 통을 각자의 차에 실어두려고 나르는 모습이 마치 다람쥐가 알밤을 입에 물고 달리는 모습처럼 보인다. 모두가 행복한 표정들이다. 모두 세어보니 겉절이까지 합하면 이십 여 통이 훨씬 넘는 것 같다. 그러고도 갓김치는 무와 함께 버무려 항아리 하나에 가득 따로 담았다. 아무리 김치냉장고의 성능이 좋다 해도 항아리에서 발효된 톡 쏘는 자연 그대로의 맛이 더 좋아 언제나 항아리 하나 정도는 꼭 따로 담아 자연 발효시킨다.

지금 사람들은 김치를 적게 먹는 편이다. 먹을거리가 다양해졌기 때문이다. 우리 애들이 어릴 때만 해도 겨울에는 쌀과 김치만 있으면 부자 부럽지 않았다. 지금도 우리 가족은 외식보다는 집밥을 더 좋아한다. 등갈비 찜과 김치전, 김치만두 등을 자주 해먹다보면 김치가 쑥쑥 줄어든다.

밤늦게 김장이 끝나서 다음날은 모두 늦잠을 잤다. 작은 며느리는 일어나자마자 또 할 일이 있다고 밖으로 나가더니 며칠 전 바람에 잎을 모두 떨구고 빨갛게 물든 채 주렁주렁 달려있는 감을 한가득 따서 들어왔다. 참 부지런하기도 하다. 식사 후 모두가 커피 한 잔씩을 들고 다들 여유롭게 앉아있는데, 십 년 전 큰며느리가 시집와서 처음 김장하던 날이 생각났다.

며느리는 김장하는 법을 배우겠다고 토요일에 일찍 퇴근해 들어왔다. 그때만 해도 배추를 직접 사다가 절였는데 리어카 한 가득 싣고 온 배추를 며느리와 함께 손질했다. 사람 머리통보다 크고 무거운 배추를 반으로 가르고 또 큰 것은 네 조각으로 갈랐다. 한 리어카 배추를 쪼개어 놓으면 마치 조그만 산 같아 보인다. 팔이 아픈 것은 말하면 잔소리, 이 배추들을 저녁을 먹기 전 미지근한 소금물에 담그는데 큰 포기 사이사이에는 소금을 약간씩 뿌려서 큰 항아리와 다라이에 차곡차곡 쌓아둔다. 자기 전에는 다시 배추를 위아래로 바꾸어 놓고 자야 한다. 그렇게 절인 배추는 새벽 네 시경에 일어나 깨끗이 씻어서 바구니에 차곡차곡 담아 물이 잘빠지게 한다. 아침밥을 먹고 나서 미리 준비해둔 양념을 배추 속에 켜켜이 넣어 감나무 옆 땅속 깊이 묻어놓은 항아리에 차곡차곡 담는다. 허리는 끊어지지만 그러면 겨우내 신선한 김치를 먹을 수 있었다.

다음 날 새벽, 일찍 일어난 남편과 함께 배추를 씻고 있었다. 김장하는 것을 배우겠다고 우리 집에 와서 자던 며느리가 잠결에 배추 씻는 물소리에 놀랐는지 허겁지겁 뛰어나와 우리와 함께 배추를 씻었다. 설마 그 추위에 맨발로 뛰어 나왔으리라고는 상상도 못 했다. 배추를 거의 다 씻어갈 무렵, 날이 밝아오자 그제서야 며느리의 벗은 발을 보고 깜짝 놀랐다. 아니, 잠결에 얼마나 놀랐으면 양말 신을 생각도 못하고 뛰어 나왔을까? 그날 새벽의 세찬 바람은 며느리의 맨발을 꽁꽁 얼어붙게 해서 아무런 감각이 없었다고 했다. 여자에게 시집살이가 얼마나 어려운가를 실감할 수 있었다.

옛말에 '여자는 시집에 가면 부엌으로 들어가고, 친정에 가면 안방으로 들어간다' 는 속담이 있듯이, 갓 시집 온 며느리가 얼마나 긴장했으면 맨발로 뛰어내려 왔을까 짐작이 갔다. 요즘 젊은 사람들은 김치를 사다 먹거나 아니면 절인 배추 몇 포기를 하면서 김장이라고 말한다. 예전에 비하면 김장이라고 볼 수도 없다. 모두가 참 편한 세상에 살고 있다는 생각이 든다.

오늘도 그날처럼 창밖에서 세찬 바람이 창문을 두드린다. 새털처럼 많은 날 중에 우리는 언제나 추운 날만 골라서 김장을 하니 올해도 김치 맛은 좋을 것 같다.

둥지

2013년도 보름을 남겨두고 딸은 둥지를 틀어 나가려고 한창 바쁘다.

결혼을 앞두고 한복을 맞추던 날은 소낙비와 해님이 숨바꼭질을 했고, 집을 계약하던 날은 폭우가 쏟아졌다. 세상의 찌든 먼지를 말끔히 씻어 내려는 듯이. 또한 결혼식 날은 축복이라도 하듯 소곤소곤 눈이 내렸다. 사부인은

"우리 며느리가 잘 살려나 봐요."

하시며 흡족해 하셨지만 나는 눈이 내려 길이 미끄러우면 어쩌나 걱정되었는데 식이 임박하여 오시는 손님이 한마디씩 하셨다.

"따님이 잘살려나 봐요. 눈이 소복소복 내려요."

다른 해 같으면 아직 눈 구경하기 힘든 때였는데 그래도 날씨만은 12월답지 않게 포근했다.

신랑신부는 무사히 신혼여행을 떠나고, 먼 데서, 가까운 데서 축하해 주러 오셨던 친지들도 모두 떠나고 나니 긴장했던 몸과 마음이 무거운 짐이라도 내려놓은 듯이 풀어졌다. 모두 떠난 집은 텅 비어 말 그대로 절간이었다. 내 마음 역시 대나무 속처럼 비어버린 것 같았지만 그래도 한편으로는 숙제를 다 한 것처럼 개운했다. 그래서 삼십삼 년을 애지중지 키운 딸을 남의 집 며느리로 보내고도 아무런 느낌도 없이 여유롭게 쉬고 있었다.

삼일 후 남편은 산행을 한다며 나갔고 나는 그동안 밀린 일을 하느라 분주하게 움직이는데 전화벨이 울렸다. 왠지 가슴이 쿵- 내려앉은 기분으로 수화기를 들었는데 남편 목소리였다. 아차산을 올라가는데 평소와 다른 길로 올라가다 미끄러져 팔이 부러졌다고. 지금은 응급실에서 응급처치를 한 후 선생님을 기다리고 있으니 걱정하지 말고 천천히 오라고 했다.

올 것이 온 것 같아 오히려 마음이 편해진 느낌이었다. 아마도 다리가 아니고 팔이어서 그런 것 같다. 만약 다리가 부러졌다면 다친 사람이나 보는 사람이나 고생은 불 보듯 뻔했다. 안 다쳤으면 더 좋았겠지만 그래도 팔이어서 걸어다닐 수 있고, 그것도 왼팔이어서 자유롭게 먹을 수도 씻을 수도 있으니 얼마나 고마운 일인가!

남편 말처럼 하던 일을 마무리하고 밥도 먹고 천천히 응급실에 가보니 젊은 여인이 곁에 있었다. 함께 산행을 한 여인인 것 같았다. 여인은 보호자가 왔으니 간다며 인사를 하고 나갔다. 얼마를 기다려 의사선생님이 오시더니 일주일 후 부기가 빠져야 수술할 수 있다며 그때 오라고 했다. 공연히 무슨 일이 일어날 것만 같아 마음이 불안했었는데 가볍게 치른 것 같아서 마음이 편해졌다.

남편은 고소공포증이 있어 높은 산도 못 다니는 사람인데 지난 해부터 갑자기 매일 이산저산 꾀꼬리처럼 가리지도 않고 등산에 빠졌다. 남편의 취미는 십년을 주기로 변했다. 테니스. 낚시. 골프. 딸 결혼식을 앞둔지라 불안해서 말려보았지만 듣지 않고 결혼 전전날도 등산을 다녀왔다. 식구들이 걱정하는 줄도 모르고 몰두해 다니더니 결국 일이 터진 것이다. 불행 중 다행이라 했던가. 그래도 결혼식은 무사히 치른 후였으니 얼마나 다행한 일인가.

신혼여행에서 돌아온 딸 역시 깜짝 놀라면서도 왼팔이라 다행이라고 했다. 나는 계획에 들어있는 순서대로 일을 치른 것처럼 편한 마음으로 받아들이자고 겉으론 말했지만 속으론 미운 마음이 있어

"자기가 무슨 힘이 있다고 아차산을 안고 넘어져!"

했더니 온 식구가 웃는다.

시댁에 인사까지 다녀온 딸은 새 둥지를 찾아갔다. 삼남매가 성장하여 제각기 둥지를 틀어 떠났다고 생각하니 마음은 쓸쓸하지만 나에게 남겨진 숙제를 마친 것 같아서 한편으론 시원했다. 이제는 원점으로 돌아온 것처럼 두 사람뿐이다. 긴장했던 피로가 오는지 온몸이 나른해지며 처지는 느낌에 새 둥지를 틀어 보낸 아쉬움도 잊은 채 며칠을 보냈다.

딸은 새 둥지에서 얼마나 많은 꿈을 꾸며 살아갈까? 생각하며 차 한 잔을 손에 들고 딸의 방에 들어와 빈 침대를 바라보는데 뜨거운 물줄기가 뚝뚝 떨어진다. 순간 전화가 울린다. 딸의 목소리가 자지러진다. 눈물을 훔칠 사이도 없다.

"엄마. 피가 멈추질 않아. 칼이 떨어지면서 다리를 찔렀어. 어떻게 해야 돼?"

"뭘로든 꼭꼭 묶고 있어. 엄마가 빨리 갈게"

하고서도 마음속으론 천천히 천천히 하며 달려갔다. 방바닥에 뿌려진 핏자국은 나를 더 놀라게 했다. 떨리는 손으로 조심스럽게 붕대를 풀어 보았더니 생각보다는 다행이었다. 친구들이 놀러온다고 해서 파인애플을 자르다가 칼자루를 놓쳐 발을 찔렸다고 했다. 다리에 흉터가 남으면 안 되겠기에 정형외과에서 몇 바늘 꿰매고 집으로 데려다주고 왔다. 그런데 갑자기 오후부터 고개와 어깨가 돌아가지 않아 병원에 갔더니 순간에 충격을 받으면 그럴 수 있다고 했다. 남편에게 한 마디 던졌다.

"당신 부녀는 도대체가 정안덕이 편한 꼴을 못 보는구려"

오늘은 설날이다. 보름 사이에 웃고 울고 놀래고 미워하는 사이에 한 해가 저물고 새해가 밝았다. 나는 결국 병이 나 침대 신세를 지고 있는데 남편은 깁스한 팔을 둘러메고 해돋이를 본다며 아차산으로 올라간다. 서울에서 유일하게 제일 먼저 해돋이를 볼 수 있는 곳이 아차산이라고 몇 년 전에 TV에서 방송을 한 뒤로 얼마나 많은 인파가 몰리는지 내 마음대로 올라갈 수도 내려갈 수도 없이 인산인해를 이루는 산엘 깁스를 하고도 올라가겠다니.

새해 아침이면 새 희망을 안고 떠오르는 태양을 보며 소원도 빌고 떡국도 함께 먹어야 한다는데 침대 신세를 지고 혼자 누워있으니 또다시 부녀가 미워졌다. 그때 전화벨이 울렸다.

"엄마 떡국 끓였어?"

"떡국? 떡국은 해돋이 간 네 아빠한테 끓여 달라고 해!"

나는 한 마디 하고서 야멸차게 전화를 끊었다. 잠시 후 또다시 전화기가 울렸다.

"엄마, 그럼 떡국은 내가 끓일게!"

청개구리 부부

한때는 몸이 아프기라도 하면 하루쯤 쉴 수 있을 것 같아서 아프고 싶었던 젊은 시절이 있었다. 그토록 쉴 틈 없이 일하면서 아이들을 키우느라 허겁지겁 바쁘게 살았기 때문일 것이다. 오죽하면 감기도 들어올 틈새가 없어서 감기 몸살 한 번 앓을 시간이 없다고 했었다.

그랬던 내게 지난 연말에 감기가 찾아오더니 좀처럼 나갈 낌새가 없다. 몇 년 전만 해도 감기쯤은 먹고 자고 며칠 쉬고 나면 순순히 물러갔다. 그런데 이번 감기는 나갔는가 하면 다시 오기를 몇 번을 반복하며 찰거머리처럼 달라붙어 나를 힘들게 했다. 근 두어 달을 그렇게 고생을 했다.

모처럼 아침 햇살이 눈부셔 가방을 메고 집을 나서는데 조금은 차가우면서도 상쾌한 바람이 코끝을 스치고 지나갔다. 마치 봄이 오는 것 같은 착각에 발걸음도 가벼워졌다. 오랜만에 운동을 한 탓인지 온몸이 땀으로 흠뻑 젖어 샤워를 하고 나니 감기로 찌들었던 몸과 마음도 날아갈 것처럼 가벼웠다.

그때 마침 남편이 아차산엘 다녀오는 길이라며 들어왔다. 나는 오랜만에 기분이 상쾌해져서 영화라도 한 편 보고 싶은 충동에 남편에게 영화 구경을 가자고 했다. 남편이 삼십 분만 자고 가자기에 지금 잠들면 일어나기 힘들어 영화 구경을 할 수가 없다고 했지만 남편은 기어이 잠자는 쪽으로 선택을 했고, 결국 잠에 취해 일어나지 못해 영화 구경은 강 건너 갔다. 저녁이 되자 오전과는 달리 날씨도 다시 추워졌다.

일찍 저녁을 먹고 있는데 친구에게서 카톡이 왔다. 내일은 쉬는 날이니 운동하고 점심이나 함께 하자는 내용이었다. 약속을 하고 TV를 보고 있는데 또다시 카톡이 왔다. 지금 눈이 너무 많이 내려 내일은 운동을 할 수 없을 것 같으니 다음 기회에 만나자고 했다. 그제서야 창밖을 내다보니 어느새 소리 없이 내린 함박눈은 하얀 이불로 변해 천지를 다 덮었는데도 그것도 모자라는지 지금도 사뿐사뿐 내리고 있다. 나는 아직도 마음은 소녀인지라, 휘날리는 눈송이를 바라보니 또다시 마음이 흔들리기 시작했다. 빗자루를 들고 손바닥만큼 작은 마당을 쓸고 대문 밖과 옆집 길목도 함께 쓸고 하늘을 바라보았다.

눈은 그칠 기미라고는 보이지 않고, 하늘은 온통 뿌연데 이미 천지를 덮어버린 백옥 같은 눈은 내 눈을 부시게 했다. 일찍 자기에는 아까운 밤이라는 생각이 들었다. 비록 낮에는 영화 구경을 못 갔지만, 눈길을 남편과 걷는 것도 좋을 것 같아서 남편에게

“여보, 함박눈이 너무 예쁘게 내리고 있어. 우리 한 시간만 눈길을 걸을까? 낮에 당신 많이 잤잖아.”

낮에 영화 구경도 못했으니 이번에는 함께 할 줄 알았다. 그러나

"자기 혼자 걷고 와!"

했다. 아무리 동네라곤 하지만 여자 혼자 밤길을 걷고 오라니 이건 아니었다. 순백의 눈길을 뽀드득 소리를 들으며 걷고 싶었던 순수한 마음에 완전 초를 친 기분이었다. 아무리 생각이 달라도 이렇게 다를 수가 있을까? 말없이 방으로 들어왔다.

내가 화가 난 걸 눈치챘는지 남편은 내일 아침에 아차산에 올라가면 경치가 환상적일 거라며 아침 산행을 같이 하자고 했다. 그것도 좋을 것 같아서 일찍 자고 일찍 일어나 등산을 가기로 했다.

남편보다 늦게 일어난 나는 빨리 등산 준비를 하자고 했더니, 남편은 밤에 비가 내려 눈이 모두 녹았다고 했다. 허탈한 마음에 창밖을 보니 정말 눈이 많이 녹아있었다. '그래, 남편에게 뭘 바라.' 산행을 포기하고 운동장을 향해 발길을 터벅터벅 옮겼다. 눈이 많이 녹기는 했지만 아직 잔설이 나뭇가지에 남아있어 바람에 날리는 눈발이 차갑게 얼굴을 스쳤다.

한참 운동을 하는데 남편에게서 카톡이 왔다. 사진 한 장 덜렁, 아차산의 아름다운 설경이었다. '언제는 눈이 다 녹아 없다더니, 이건 또 뭐야? 약 올리는 것도 아니고….' 그렇게 좋아했던 설경도 나를 약 올리는 것 같아 아름답다는 생각도 들지 않았다. 나도 카톡을 날렸다.

"좋은 설경 혼자 많이많이 보구려. 나는 죄 없는 공이나 실컷 때리고 갈 테니."

우린 아마도 전생에 청개구리 부부였나 보다.

일본 까마귀

남편의 취미는 다양하다. 자전거 하이킹, 낚시, 테니스, 골프까지 대략 10년 주기로 새로운 운동을 시작한다. 골프는 10년 전부터 배웠으니 싫증이 날 때도 되었는데 아직 아무런 반응이 없다. 운동을 좋아하는 것은 아주 바람직한 일이지만 골프는 다른 운동과 달라서 경제적인 생각을 안 할 수 없다. 그래서 투정도 많이 했다. 그러나 골프에 빠진 남편은 좀처럼 빠져 나올 기미가 보이지 않는다.

한 번 빠지면 10년이다. 누구 말도 듣지 않는다. 얼마나 재미있으면 저럴까, 하는 생각에 나도 배워 보기로 했다. 나이 들어 여행 삼아 남편을 따라 다녀보는 것도 좋을 것 같다는 생각도 들었다. 나는 1년 동안 레슨을 받고 그 실력으로 이곳저곳 다녀 보았지만, 골프에는 취미가 없는지 돈 들어간 만큼의 재미는 없었다. 사업이나 한다면 사업상 어쩔 수 없이 해야겠지만 지금은 사업도 아들에게 물려주고 쉬고 있으니 굳이 많은 돈 들여가며 해야 할 필요가 있나 싶다.

요즘은 조금만 눈을 크게 뜨고 찾아보면 적은 돈으로 많은 것을 배우고 즐길 수 있는 레저문화 인프라가 잘되어 있으니 골프는 좋아하는 사람이나 열심히 하라고 했다. 그리고 나는 내가 좋아하는 운동을 하기로 했다. 하지만 완전히 골프를 멀리 할 수는 없었다.

봄이면 추운 겨울을 거뜬히 이겨내고 보란 듯이 파릇파릇 돋아나는 잔디를 보면 삶에 생동감을 얻을 수 있고, 가을 역시 청명한 하늘과 울긋불긋 물든 단풍은 언제나 다정하게 손짓을 했다. 나는 구경삼아 한 번씩 여행 겸 다녔다. 때론 부부동반으로 해외여행도 다녀오곤 했는데 연습은 못했지만 따라다니는 재미도 있다. 운동보다 여행을 좋아했기 때문이다.

올해도 여덟 부부가 일본으로 골프 여행을 가기로 했다. 일본은 처음 가는 곳이라 마음이 설렜다. 그런데 내일 새벽에 떠나야 하는데 강추위에 함박눈까지 내려 도로는 빙판 길로 변해 우리의 갈 길을 막으려 했다. 아침 기온은 어제보다 더 내려갔다. 이미 도로는 유리알처럼 미끄러웠다. 그러나 예약된 시간에 인천 공항에 도착해야 했기에 우리는 예정보다 한 시간을 먼저 출발했다. 차는 기어가다시피 했지만 무사히 인천 공항에 도착했다. 공항에 도착한 우리는 흐린 날씨로 인해 비행기가 4시간 후에 뜬다는 소식을 듣고 허탈한 마음으로 웅성거렸다. 어제의 설렘도 무거운 마음으로 변해 초조히 기다리고 있는데 공항 측에서 미안하다며 만 원짜리 식권을 하나씩 나누어 주었다. 점심 값이었다. 우리는 끼리끼리 흩어져서 쇼핑하다가 점심을 먹은 후 일본으로 떠났다.

일정에는 가는 날부터 3일간 오전에는 골프를 치고 오후에는 온천을 하기로 예약이 되어 있었지만 하루가 무산되었다. 첫날부터 톱니바퀴가 삐그덕거린 것이다. 그 대신 다음날 이십칠 홀을 돌기로 했다. 우리는 호텔에 짐을 풀고 온천을 하고 일본 (다가시마) 옷으로 갈아입고 여유롭게 식사도 했다. 일본 체험을 해본 것이다. 그 후 낮에 있었던 일은 모두 잊고 내일을 위해 일찍 휴식에 들어갔다.

오전에 이십칠 홀을 돌기로 했기 때문에 우리는 서둘러 골프장으로 향했다. 만반의 준비를 다 했다. 추위에 약한 사람을 위해 운영 위원장이 일인당 손난로를 세 개씩 챙겨주었다. 등에 붙이고 손에 들고 심지어 발바닥에 붙이는 사람도 있었다. 네 사람이 한 조가 되어 하루를 운동해야 한다. 회장님과 약사님이 우리 조가 되었다. 약사님과 나는 설레는 마음으로 약사님은 빨강 공 나는 주황색 공으로 치기로 했다. 그런데 일본 캐디가 색깔이 있는 공을 치면 까마귀가 물어 간다고 말렸다.

까마귀가 골프공을 물어가다니, 우리는 믿어지지 않아 약사님이 자신이 먼저 쳐 볼 테니 나는 나중에 치라고 했다. 파란 잔디 위에 빨간 티를 꽂고 빨강 골프공을 올려놓으니 마치 한 송이 꽃이 피어난 것처럼 아름다웠다. 우리는 화이팅을 외치며 팡-하고 쳤는데 어디서 지켜보고 있었는지 공이 떨어지는 것과 동시에 까마귀가 아기를 품고 가듯 두 발로 골프공을 안고 날아가 버렸다. 너무나 신기했다. 우리는 공이 없어졌는데도 아까운 줄 모르고 깔깔깔 웃었다. 신기해서 다시 한 번 더 쳐 보기로 했다. 그리고 까마귀가 빨간 공을 안고 가는 것 또한 그림처럼 예뻐서 그 모습을 카메라에 담기로 했다. 그러나 까마귀가 너무 재빠르게 골프공을 안고 사라졌기 때문에 결국 카메라에 그 모습을 담지 못 하고 공만 몇 개 날려 보냈다.

옛날 우리 어머님은 무슨 일을 시켜놓고 잊어버리면 까마귀 정신이라고 야단치셨는데 그 말씀을 이제야 알 것 같다. 저 까마귀도 빨간 공을 과일인줄 알고 둥지로 안고 갔을 것이다. 하지만 딱딱해서 먹지도 못 했을 텐데 좀 전의 일은 잊은 채 또 다시 빨간 공을 보면 안고 갔겠지. 까마귀는 오늘도 내일도 그렇게 반복해서 물어다가 높은 나무 위 둥지에 쌓을 것이다. 이웃을 잘못 둔 나무는 둥지가 무거워 언젠가는 가지가 찢어지지 않을까. 까마귀 정신 때문에 봉변을 당할 지도 모를, 이름 모를 나무가 걱정된다.

확률 0.01 퍼센트

우리나라 전통 명절인 정월대보름날은 오곡밥과 말려두었던 나물을 먹는 날이다. 어려웠던 시절, 겨우내 부족했던 영양소를 조금이나마 보충하려 했던 풍습으로 옛 어른들의 지혜인 것 같다. 내 고향에서는 보름날 아침 눈을 뜨면 머리맡에 놓아둔 땅콩을 하나 깨물어 문밖으로 던지면서 '내 더위 사려!' 하고 먹었다. 그렇게 하면 한철 더위를 이길 수 있다고 했다.

아침밥을 먹고 나면 아이들은 모두 모여 동네 보리밭을 밟으며 놀았다. 추위를 이기고 뾰족이 고개를 내밀고 나온 파란 보리의 뿌리가 추운 겨울에 땅이 얼어 들떠있기 때문이다. 보리밭 고랑을 보리처럼 파란 아이들이 모여 밟기 시작한다. 그것도 우리에게는 하나의 놀이였다. 두 발 뒤꿈치와 뒤꿈치를 맞붙이고 종종 걸음으로 들떠있는 보리밭을 밟으며 놀았다. 어른들은 양지바른 마당에 모여 덕석을 깔고 윷놀이를 하면서 "윷이야-" 하고 소리치면 겨울잠을 자고 있던 봄은 깜짝 놀라 대지를 흔들어 깨웠다.

올해는 테니스장에서 운동 후 윷놀이를 한다고 나에게도 문자가 왔다. 윷놀이 선수는 각 팀에서 다섯 명이 출전한다고 했다. 참석한 팀은 여섯 팀인데 그중 한 팀은 나이가 많은 실버팀이다. 나도 출전하기로 했다. 경비는 팀당 십 만원씩 공평하게 내기로 했다고 한다. 드디어 정월 대보름날이다. 사람들은 새벽부터 추위도 잊은 채 운동하느라 여념이 없다. 오전 11시 30분에 윷놀이 대회가 시작된다고 했다. 슬슬 테니스장이 술렁거린다.

일등 30만원, 이등 20만원, 삼등은 10만원씩 상금도 결정했다. 자상한 유 회장님은 응원상과 참가상도 준비했다. 명절이니만큼 모두가 함께 즐길 수 있도록 세심하게 준비를 한 것 같았다. 선수들과 응원하는 모든 사람들까지 추위를 잊고 즐길 수 있도록 구 총무는 멸치, 다시마, 무, 양파까지 넣어 밤새 우려낸 육수와 이백 개의 어묵꼬치까지 준비를 해왔다. 큰 들통에 육수와 어묵꼬치를 넣어 따끈하게 끓였다. 총무님은 그렇게 모든 사람들의 추위를 덜어주는 데 큰 몫을 담당했다. 모든 행사는 언제나 묵묵히 일하는 사람이 있어 행복과 즐거움도 배가 되는 것 같다.

윷놀이는 여섯 팀이 가위, 바위, 보를 해서 두 팀은 탈락되고 네 팀이 올라왔다. 네 팀을 다시 두 팀씩 나누어 윷놀이가 시작되었다. 실버팀은 유일하게 여성회원 두 명과 남자 두 명, 말을 보는 사람까지 총 다섯 명이다. 윷놀이에서는 말을 보는 사람이 제일 중요하다며 평소 말없이 듬직한 사람을 선출했다. 벌써 다른 팀은 윷놀이가 진행되고 있었다. 우리도 뒤질세라 시작했다.

윷놀이는 어릴 적 동네 어른들이 하시는 걸 몇 번 본 것밖에 없다. 그런데 손자들이 크면서 공교롭게 지난 추석과 설날에 손자들이 민속놀이를 하자고 해서 두어 번 한 것이 전부였다. 그런데 나는 구경을 하느니 선수로 나간다고 용감하게 손을 번쩍 들었기에 최선을 다해야 한다는 자세로 두근거리는 마음을 다독거렸다. 건강과 화합을 위하는 복놀이인데도 가슴은 자꾸만 두근거렸다. 아침부터 어느 팀은 상금을 타서 회비에 입금시키라 했다며 막중한 책임을 느끼게 한다고 했다. 그 순간만 해도 하루 즐겁게 보내면 되지 상금이 뭐가 그렇게 중요하냐며 대수롭지 않게 말했다. 그런데 막상 경쟁자와 마주서니 긴장되었다.

윷은 상대방이 먼저 던지는 것으로 시작되었다. 던지는 모습을 보니 몇 사람을 제외하고는 모두가 초보로 보였다. 윷과 모는 나오기 힘들었고 보편적으로 개와 걸, 도가 잘 나왔다. 우리는 낙만 하지 않으면 삼등은 할 수 있을 것 같은 희망이 생겼다. 남의 불행이 나의 행복이라도 되는 양, 상대팀이 낙을 하면 우리는 환호성을 질렀다. 그 함성이 떠나기도 전에 우리팀도 낙을 했다. 다른 편들의 함성소리에 아차산이 떠들썩했다.

테니스를 칠 때는 투시경으로 상대의 마음속까지 들여다 보는 것처럼 요리조리 공을 잘 쳐서 '아차산 여우' 라는 별명을 가질 만큼 공을 잘 치는 사람이 윷은 낙을 많이 했다. 그 사람이 윷을 잡기만 해도 우리는 불안했다. 그래도 끝까지 힘을 모아 1차는 우승을 했다. 상금 이십 만원은 확보했다. 십 만원을 내고 참여했으니 남는 장사를 한 셈이다. 이제는 양측 우승자끼리 대결해서 우승과 준우승을 가려야 할 순서다. 이미 남는 장사를 했으니 욕심은 없었다. 우리는 거북이처럼 가더라도 낙만 하지 말자고 했다. 상대는 아차산에서 나와 처음부터 테니스를 함께 했던 팀이다. 마치 친정집과도 같은 팀이라 마음 같아선 우승을 양보하고도 싶었다. 하지만 정정당당하게 우승과 준우승을 가려야만 했다.

결승전답게 선수들은 물론 구경하는 사람들까지 윷을 던질 때마다 환호성이, 얼어붙은 아차산을 흔들어 깨워 봄 마중이라도 가라는 듯이 울려 퍼졌다. 시간이 갈수록 한 사람 한 사람 윷을 던질 때마다 아차산도 함께 들썩거렸다. 그러나 젊음을 이길 수는 없었다. 이미 상대팀은 한 발짝만 뛰면 황금덩이를 잡을 수 있었다. 우리 팀은 상대팀 보다는 아홉 발짝이나 뒤에 있었다. 새가 되어 날지 않는 이상 0.1%의 희망도 없었다. 마지막 윷은 내가 던져야 했다. 잘 던지면 기적이요, 못 던져도 부담은 없었다. 하지만 최선을 다 하는 마음으로 윷을 모아 손에 쥐었다.

윷가락을 1.5 미터의 높이로 휘익 던졌다. 순간 "윷이다!" 하는 함성과 함께 우리는 너 나 할 것 없이 박수를 치며 뛰었다. 한 번 더 던질 수 있는 찬스를 잡은 것이다. 나는 조심조심 윷을 모아 한 손에 쥐고 들떠있는 마음을 진정시켰다. 모든 사람들의 시선이 나에게 집중되어 있었다. 다시 처음처럼 윷가락을 공중으로 휘리릭- 던졌다.

기적이 일어났다. 모가 나온 것이다.

사람들은 모두 자기도 모르게 서로를 부둥켜안고 소리치며 뛰었다. 또 한 번 윷을 던질 수 있는 찬스를 잡았다. 상대팀은 그저 멍하니 한방 맞은 표정으로 바라만 보고 있었다. 다 잡은 황금물고기를 놓친 셈이다. 있을 수 없는 일이라는 표정이었다. 이제는 우리도 상대팀과 똑같은 위치에 서있다. 빽 도만 나오지 않으면 우승이다. 마지막 윷가락을 던졌다.

와~~~우 또 윷이다!

기적은 일어나고 말았다!

"엄마, 또 일 저질렀네요!"

아들의 목소리가 귓가를 맴돈다.

아슬아슬한 여행

유난히도 상큼한 아침이다.

감나무 밑에서 두 팔을 올려 맘껏 기지개를 켜고 가슴 깊숙이 숨을 들이 마시고 나니 큰 소리라도 지르고 싶은 충동이 생겼다. 몇 시간 후면 드디어 3대가 푸켓으로 여행을 떠난다. 하지만 참기로 했다. 집안에서는 요란스럽다. 빨리 밥 먹어라, 여권은 잘 챙겼느냐, 애기 옷은 잘 챙겨 넣었고, 말을 잘 들어야 데려간다는 등. 하기야 혼자 떠나는 여행도 며칠씩 준비를 해야 하는데. 3대가 떠나는 여행인데 오죽하랴. 결혼을 앞둔 딸은 시간 여유가 많으니 면세품을 사서 담는다며 빈 가방을 하나 더 들고 나왔다.

여유롭게 공항에 도착해 줄을 서고 시간이 되어 차례대로 티켓팅이 시작되었다. 둘째 아들이 늦게 도착했지만 우리 앞에 세웠다. 마치 새치기 한 느낌이 들어서 주위사람들 눈치가 보였지만 일행이니 함께 움직여야 할 것 같아 미안한 마음도 뒤로 한 채 줄을 따라간다. 우리는 순서대로 티켓팅을 하고 기다렸는데 큰아들이 나오지를 않았다. 조금 후 작은며느리가 오더니

"어머니 일이 생겼어요. 시아주버님 여권이 만료되었는데 모르고 계셨나 보아요."

큰아들이 유효기간이 지난 여권을 가지고 와서 출국을 할 수가 없단다. 큰며느리가 잘못 가지고 온 것이다. 큰일 났다. 어떻게 해야 하나? 티켓팅 종료 시간까지는 한 시간 삼십 분 정도밖에 남아 있지 않았다. 성격 급한 아들에게 며느리는 연신 미안하다며 안절부절 못했다. 나는

"괜찮아. 갈 수 있을 거야!"

남편에게 전화를 했다. 아들네 아파트 비밀번호를 가르쳐 주고 어느 서랍 어디에 여권이 있으니 빨리 택시를 타고 가지고 오라고. 이럴 때는 남편의 고소공포증이 고맙기까지 하다. 남편은 택시를 대기시켜놓고 째깍째깍 마치 시계바늘처럼 움직여 여권을 찾아 주머니에 넣고 택시를 탔다. 리무진도 한 시간 걸렸으니 택시는 충분히 올 수 있는 시간이었다. 나는 며느리에게는 이런 실수도 지나고 나면 추억이 된다며 마음을 안심시켰지만 왠지 내 마음은 자꾸만 불안했다.

그런데 또다시 전화가 왔다. 공항으로 달리다 확인해 보니 주머니에 넣었던 여권이 어디로 빠져버렸는지 없어졌다는 것이다. 그래서 다시 차를 돌려 아파트로 가는 중이라고 했다. 이제는 함께 떠나기는 틀린 것이니 다음 비행기를 알아보라 했더니 다른 비행기가 좌석이 있다 해도 여권이 아예 없어졌으니 방법이 없다고 했다.

다시 아파트에 도착한 남편은 처음부터 자세히 찾아보았지만 여권이

보이지 않아 대기시킨 택시는 돌려보냈다. 경비와 함께 CCTV를 돌려보았지만 여권이 떨어진 흔적이 없단다. 그렇다면 분명 택시 안에 떨어져 있을 텐데, 급한 마음에 자세히 찾아보지도 못한 것이다. 그러나 택시는 이미 떠났고 택시번호도 전화번호도 아는 것이 하나도 없었다.

한편 공항에서는 비행기 이륙 시간이 다 되었는데도 아홉 명이나 탑승을 하지 않자 방송을 했지만 우리는 아무도 듣지 못했다. 한두 명도 아니고 아홉 명이나 되니 보고가 되었는지 결국 직원들이 우리를 찾아왔다. 할 수 없이 큰아들은 서울로 돌아가고 우리만 비행기에 올랐다. 아침에 행복했던 마음은 온데간데 없이 사라지고 비 맞은 생쥐가 되어 축 처져 탑승하는데 전화가 울렸다. 택시기사가 여권을 가지고 왔다고. 다른 손님이 좌석 사이에 끼어 있는 것을 주웠단다.

밤 여덟 시에 아시아나 비행기는 좌석이 남아 있기는 하지만 굳이 이중으로 돈을 들이며 갈 필요가 있겠냐며 아들이 전화를 했다. 나는 이유불문하고 오라고 했다. 만약 아들이 오지 않으면 며느리 마음이 여행 끝까지, 아니 두고두고 섭섭할 것을 생각해서다. 그래서 아들은 밤 비행기를 타고 오기로 했다. 새벽 두시에 현지 가이드가 호텔로 데리고 온다고 했다.

아들이 인천공항에서 비행기를 타는 시간에 우리는 푸켓 국제공항에 도착, 버스로 이동해 저녁식사를 마치고 호텔에 무사히 도착했다. 우리는 서로를 마주보며 마음을 쓸어내리고 있는 순간 쿵- 하는 소리와 함께 아~~~앙 하고 우는 소리가 났다. 세살잡이 손자가 무슨 바쁜 일이 있다고 먼저 뛰어 들어가다가 넘어진 소리였다. 순식간에 얼굴이 빨개지면서 아기 한쪽 볼이 메추리알처럼 부어올랐다. 우리 일행을 대표로 야무지게 신고식을 한 것이다. 신고식을 하더라도 나이 많은 할미가 해야지 어쩌자고 어린 네가…. 이렇게 우리 가족의 여행은 아슬아슬하게 시작되고 있었다.

이튿날 아침, 그렇게 마음 졸이며 왔다는 흔적은 어느 얼굴에서도 찾아볼 수 없고 모두가 환한 모습이다. 특히 큰아들은 미소만 짓는다. 우리 일행은 팡아만 국립공원으로 갔다. 거기에는 120여 개의 섬들이 모여 환상적인 경관을 이루고 있었는데 자연 그대로의 아름다움을 지니고 있었다. 곳곳에 여러 개의 동굴이 있고 동굴 속에는 많은 종류의 조류들이 살고 있어서 태국 정부에서는 1981년, 이곳을 국립공원으로 지정했다고 한다. 팡아의 팡이란 '부러지다' 라는 의미이고 아는 코끼리의 '상아' , 즉 코끼리가 이곳을 지나가다 넘어져서 상아가 부러졌다는 의미란다.

우리는 롱테일 보트로 이동해서 맹그로브정글을 구경하고 작은 씨카누를 타고 거대한 석회암 동굴 속으로 들어갔다. 네 사람의 체중을 싣고 물 위로 노를 저으며 가는데 금방 빠질 것처럼 무서워서 얼마나 소리를 지르며 힘을 주었던지 등 뒤에 있던 큰손자는 할머니 때문에 물에 빠질 것 같다며 소리를 질렀다. 그런데 동굴을 지날 때마다 동굴이 낮아 잘못하면 석회암이 선글라스를 긁고 갈 것만 같아서 바짝 뒤로 누웠더니 손자가 또 소리를 지른다. 숨 막혀 죽겠다고. 나는 수영에는 맥주병이라서 움직이면 빠질 것 같아 잔뜩 긴장한 상태였는데도 자연의 신비로움에 연신 감탄사가 나왔다.

구경 후 다시 수상마을로 들어와 점심 식사를 하려는데 세 살 잡이 손자가 울기 시작하더니 그칠 줄을 몰랐다. 일행과 가이드에게 미안해서 결국 아들과 나는 식사도 못했다. 이슬람식 해선요리였는데.

셋째 날 아침 오늘은 피피섬 관광이다. 두 시간 이상을 배를 타야한다기에 조식 후 만반의 준비를 하고 버스를 막 타려는데 이번에는 손녀딸이 아침을 잘못 먹었는지 토하더니 얼굴이 창백해지면서 울기 시작했다. 우리는 또다시 놀라서 우왕좌왕 하다가 할 수 없이 우리 가족만 호텔에 남기로 하고 일행은 떠났다. 얼마나 지났을까. 아팠던 아이가 거짓말처럼 금방 활기를 찾아 호텔 수영장에서 마치 오리처럼 잘 놀았다. 큰며느리도 딸도 연신 '보경아 고맙다!' 한다. 아픈 순간은 얼마나 긴장을 했는데 우리 가족은 호텔 수영장을 독차지한 것이다. '인간사 새옹지마' 라더니 이번에는 화가 복이 된 것이다. 우리 가족은 그렇게 하루를 본의 아니게 자유여행을 했다. 수영, 마사지, 태국점심, 야시장에서 망고도 한 보따리 사왔다. 서울에서는 비싸니 열대과일을 실컷 먹자며. 그렇게 또 하루가 지났다.

넷째 날 아침, 오늘은 아침 식사 후 체크아웃을 하고 짐을 버스에 싣고 다니며 구경을 하고 공항으로 간다고 해서 막간을 이용해 세 가족이 자유롭게 놀기로 했다. 딸과 나는 바다 구경을 하기로 하고 애들은 호텔 내 키즈월드에서 놀다 만나기로 하고 헤어졌다. 수정처럼 맑은 바닷물이 층층대를 쌓은 것처럼 파도가 굽이쳐 밀려오고 밀려갔다. 하늘이 맞닿을 것만 같은 수평선을 바라보며 딸과 나는 나이도 잊은 채 마냥 즐거웠다. 언제 또다시 이런 시간을 가질 수 있을까 생각하며. 어느덧 시간이 흘러 버스를 타기위해 호텔 앞으로 가는데 이게 웬일인가. 아침까지 멀쩡했던 막내손자가 절뚝절뚝 다리를 저는 것이 아닌가?

"아니, 넌 또 왜 그러니?"

했더니, 키즈월드 풍선 풀에서 형을 따라 뛰다가 다친 모양이란다. 어디를 다친 줄도 모르겠다 해서 '어린 것이 얼마나 아프면 저토록 절뚝거릴까?' 하고 이동시간에 무릎에 앉히고 팔 밑에서부터 이곳저곳을 더듬고 내려가도 아무런 표정이 없더니 오른쪽 발바닥을 만지니 아프다며 얼굴을 찌푸렸다. 그러고 보니 발바닥이 부어있었다. 그래도 다행히 크게 다치지 않아 우리 가족3대는 무사히 비행기에 올랐다.

우리는 이렇게 끝까지 아슬아슬한 푸켓 여행을 마쳤다. 큰 사고 없이 즐겁게 잊을 수 없는 추억을 남겼지만 딸은 빈 가방에 아쉬움만 가득 담아왔다. 면세점에서 쇼핑할 시간을 내지 못한 것이다.

"어머니, 그때는 겁도 나고 무서웠는데 집에 와서 생각하니 이번 여행은 너무너무 재미있었어요."

하는 작은 며느리의 해맑은 목소리가 수화기 저편으로 데굴데굴 굴러갔다.

설날 폭탄

오늘은 설날인데 우리 집은 독감폭탄을 맞아서 애들에게 옮길까봐 차례도 못 모셨다.

부모님이 계실 때는 모두가 안성에서 모여 차례를 지냈고 돌아가신 후에는 서울 큰집에서 지냈다. 그렇게 사십 년이 넘도록 우리는 명절 차례는 함께 모여서 지냈다. 그런데 몇 년 전부터, 이제는 부모님도 돌아가셨고 큰집이나 우리 집 아들딸도 모두 결혼해서 손자손녀들까지 대가족이 되기도 했으며, 큰집도 이천으로 이사를 했으니 남편과 아들만 대표로 다녀오라고 말했다. 그러나 남편은, 명절이 아니면 모두 만나기 어렵다며 막무가내로 함께 가야 한다고 고집을 부렸다. 결국 남편 고집을 꺾지 못하고 이번 설날도 새벽에 온가족이 함께 가기로 했었다.

그런데 우리 집에 감기 폭탄이 떨어졌다. 제일 먼저 남편이 맞았다. 처음엔 그저 몸살감기려니 생각했는데 시간이 갈수록 점점 심해졌다. 가족이 모일 것을 대비해서 남편은 독감 검사를 했는데 A형 독감으로 나왔다. 결국 남편 혼자 집에 남기로 하고 다른 식구들만 가기로 결정했다. 이미 큰 아들네도 와서 어쩔 수 없이 남편은 이층에서 혼자 지내기로 했다. 그러나 하룻밤을 자고나니 손자도 기침을 하면서 열이 올랐다. 연휴가 길어서 불안한 마음에 나는 손자를 데리고 병원에 갔다. 엎친데 겹친다고 검사결과 손자도 독감이었다.

할 수 없이 큰집에는 둘째네만 가기로 하고 남편이 아주버니에게 사정이야기를 했다. 평소 당뇨합병증으로 투병하는 아주버니와 형님도 건강이 안 좋다며, 그럼 올 설은 그냥 보내자고 했다. 그래도 몇 십 년을 가족이 함께 모여 명절을 보냈는데 감기 정도를 이기지 못해 차례를 못 모신다는 것이 허전하면서, 한편으론 이제는 정말 우리도 나이가 들었다는 생각에 왠지 씁쓸했다. 비록 모이지는 못하게 되었지만 마련한 음식이 있으니 아쉬운 마음에 남편과 나, 둘이서만 간단한 음식을 준비해 가지고 산소로 향했다. 아침 일찍부터 서둘러서인지 고속도로는 생각보다 한산하다. 그래도 평소보다는 조금 더 시간이 걸려 산소에 도착했다.

아버님 어머님은 안성에 사시면서 만물상회를 운영하셨다. 면소재지 중앙인데다 버스정류장까지 가게 앞에 있어서 오가는 손님이 많아 가게는 언제나 북적거렸다. 특히 명절에는 생선과 야채까지 준비해서 팔았기 때문에 몇 배는 더 바쁘게 움직여야 했다. 그래도 우리는 아이들 학교 때문에 미리 갈 수가 없었다. 그때만 해도 우등상보다 6년 개근상이 더 큰 상이어서 결석은 감히 생각도 못했다. 그래서 아이들이 학교에서 돌아오면 그때서야 큰집과 함께 출발해, 안성 집에는 언제나 어둑어둑해서야 도착했다.

그때부터 형님과 나는 팔을 걷어 부치고 바쁘게 움직여 음식 준비를 시작했다. 지금처럼 부엌이 편리한 것도 아니었다. 앉지도 서지도 못하고 어정쩡하게 허리를 굽히고 일을 하다보면 허리는 끊어질 것처럼 아파오고 연탄불에 올려놓은 뜨거운 물은 항상 부족해서 손을 호호 불어가며 일을 했다. 그래도 추위는 참을 수 있었지만 허리 아픈 것은 정말 참기 어려웠다. 그러나 아프다는 말 한마디 할 수 없었다.

우리는 음식준비만 하는 것이 아니고 수시로 아버님이 부르시면 뛰어나가 가게일도 도와야 했다. 그렇게 허겁지겁 음식을 다 만들고 나면 언제나 열두 시가 넘는다. 그러면 어서 씻고 자리에 눕고 싶은 생각이 간절했다. 그러나 아버님은 모든 일을 마치고 난 뒤에도 항상 두 며느리에게 하고 싶은 이야기가 많으셨다.

이북에서 살았던 이야기를 시작으로 피난 나오면서 헛간 땅을 파서 항아리 속에 돈을 넣어 묻어두고 왔다는 이야기, 또 부잣집 외동딸인 어머님과 결혼한 이야기 등등 몇 번을 들었지만 오늘도 줄줄이 실타래를 풀어내듯이 시간가는 줄 모르고 며느리와 함께하는 즐거움에 아버님 얼굴에는 웃음꽃이 피었다.

가지고 간 음식을 내가 접시에 담으면 남편은 차례차례 놓았다. 남편은 무릎을 꿇고 앉아 술잔을 들었다. 그 잔에 내가 술을 따랐다. 처음에는 남편 혼자 절을 한다. 두 번째 술을 따르고 함께 절을 하자고 했다. 나는 절을 하고 나서 한참을 술잔을 바라보고 있는데, 며느리와 함께라면 밤이라도 지새울 것처럼 이야기를 풀어내시던 아버님이 스치고 지나갔다.

"아버지가 당신 좋아했잖아, 술 한 잔 따라드려."

그 말에 술을 따르고 절을 하는데 마음이 울컥해 한참을 엎드려 있었다.

"오늘은 광호가 내 곁에 있어다오!"

폐암과 하루하루 투병하시던 아버님은 그날이 마지막이 될 줄 짐작하시고 착하기만 한 그 아들을 곁에 두고 하루만이라도 지내고 싶었던 것을, 나는 그것이 마지막 소원인 것도 모르고 남편을 출근시켰다. 그런데 아버님은 그날 오후 중환자실로 들어가셨고 그 후 말 한마디 못하고 영원히 떠나셨다. 암이란 정신이 말짱해서 본인은 죽는 날까지도 알고 있다는 것을 나는 뒤늦게야 알았다. 아버님과 나는 가랑비에 옷 젖듯이 정도 그렇게 스며들었는지 그날만 생각하면 지금도 죄스럽기만 하다.

비록 독감 폭탄으로 차례는 못 지냈지만 그 대신 아버님이 제일 사랑하는 아들과 산소에 찾아왔으니 이제는 모두 용서하시리라 믿고 차렸던 음식을 주섬주섬 챙겨 담는다. 양지바른 나무에 딱따구리 한 마리 또로록 또로록 봄을 부른다.

추억의 실타래를 풀다

몇 년 전 가을, 갑작스럽게 뇌경색 시술을 받았다.

부모님의 가르침대로 부끄러움 없는 삶을 추구했고 따라서 매사에 당당하게 열심히 살아왔는데 육체는 물론 정신까지도 물기 한 방울 없이 메마르고 텅 비어버린 나를 보았다.

수많은 생각들이 하늘을 향해 오르기도 하고 저 깊은 심연으로 곤두박질치기도 하던 어느 순간, 한 잎 낙엽도 누군가의 책갈피에 소중히 간직되듯이 나도 누군가에게 작은 희망이 되고 싶다는 생각이 내면에서 꿈틀거렸다. 뼈를 깎아내듯 아팠던 내 지난날의 삶과, 그 역경을 이겨낸 이후의 잊을 수 없는 시간들, 그냥 묻어버리기에는 소중한, 가슴 속에 깊이 감추었던 기억들을 나는 우물물을 퍼 올리는 두레박이 되어 글로 표현하기로 했다.

백화점 문화센터, 지역문화원, 대학교 교양강좌 등의 문학 동호회에서 글쓰기 수업을 받으며 조심스럽게 글을 쓰기 시작했다. 그러나 어느 순간부터 술술 풀릴 것 같던 추억의 실타래는 더 엉클어져 버렸고 오히려 그 속에 묶이고 말았다. 문학 앞에서는 작은 돌부리에도 쉽게 넘어졌고, 그 상처를 이기지 못하여 글쓰기를 포기하고 싶었지만 그것도 잠시, 나는 또다시 오뚝이처럼 일어나 한 편 한 편 수필을 써 모아갔다.

그렇게 문학을 향한 나의 열정이 어느 정도 무르익자 한 지인이 이제는 좀 더 체계적으로 배워서 써보라며 칠십을 바라보는 내 나이도 잊고, 숭의여대 미디어문창과에 원서를 넣게 했고 지금은 훌륭한 지도 교수님의 손을 잡고 아장아장 따라가고 있다. 대학에서의 생활이 앞으로 세상을 더 넓게 볼 수 있는 이정표가 되리라 믿는다.

새로운 길을 갈 수 있도록 세심한 배려와 관심으로 지켜보아 주시는 교수님들께 고개 숙여 감사드린다. 그리고 새싹처럼 파릇파릇한 학우들과, 많은 조언과 비평을 아끼지 않았던 각 문학 동호회 여러분들께도 감사드린다.

끝으로 잔잔한 호수처럼 묵묵히 지켜봐준 남편과 우리 가족에게 고마움을 전한다.

2018년 1월 눈 내리는 창가에서